선과 현대인의 생활

선을 통한 자율신경의 밸런스, 성공의 비결

선과 현대인의 생활
선을 통한 자율신경의 밸런스, 성공의 비결

초판 1쇄 인쇄	2017년 9월 22일
초판 1쇄 발행	2017년 9월 27일
지은이	니시지마 구도 와후
옮긴이	유 키미카(송순옥)
펴낸이	오세광
펴낸곳	나라연
출판신고번호	제 313-2006-000136호
신고일자	2006년 6월 26일
주소	서울 마포구 마포대로 12 한신빌딩 1813호
전화	02-706-0792
팩스	02-719-8198

ISBN   978-89-98388-07-2 03120

선禪과
현대인의 생활

선을 통한 자율신경의 밸런스, 성공의 비결

니시지마 구도 와후(西嶋愚道和夫) 지음
유 키미카(優君佳) 옮김

나라연

니시지마 구도 와후 스님 근영

　과거 몇 천, 몇 만 년에 걸친 긴 인류 역사를 통해 볼 때, 오늘날 지역적인 차이는 있다 하더라도, 우리들은 비교적 혜택받은 삶을 누리고 있다고 생각한다. 그러나 실질적으로 그 삶의 내용을 살펴보면 결코 문제가 없는 것도 아니다. 실제로 세계 각국에는 알카에다라는 이슬람 계통 신앙에 입각한 무장집단이 존재하며, 각 지역에서 예측할 수 없는 테러의 공포에 떨고 있는 것도 주지의 사실이다.

　나는 꽤 어릴 적부터, 이 세상에 단 하나의, 누구나 만족할 수 있는 진실이 있는지 없는지의 문제에 관해서 의문을 갖고 있었다. 인간 사회에서는 실로 많은 사람들이 서로가 자기의 주의주장만이 유일한 진리라고 주장하고 있으며, 그러한 상태에서 단 하나의 진실을 기대하는 것은 거의 불가능하지 않을까 생각했었다. 그러나 다행히도 내 나이 17, 8세 무렵에 이 세상에 불교라는 가르침이 존재한다는 것을 알고, 어쩌면 그 길을 발견할 수 있지 않을까 기대가 되었다. 특히 일본 조동종曹洞宗의 개조開祖 도원道元(1200~1253) 선사의 불교를 약 60여 년간 공부하며, 또한 20년 전부터 인도의 훌륭한 스승인 용수龍樹 존자가 쓴 『중론中論』을 읽고 그 원전에 쓰인 산스크리트어 일자일구一字一句를 따라가는 축어역逐語譯을 해본 결과, 이 세상에는 단 하나의 진실이 존재한다는 확신을 갖게 되었다.

그래서 이 책에서는 그 진실이 어떤 것이며, 어떤 모습으로 새로이 인류 역사에 등장하고 있는가를 생각해 보고자 한다.

차 례

1장

불교,
두 개의 인식론을 넘어

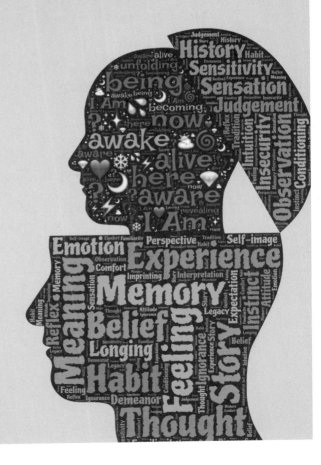

1. 불교란 무엇인가?

불교란 기원전 4, 5백 년 경, 인도에서 80년의 생애를 사신 석존釋尊께서 확립하신 사상이다. 그리고 그 가르침은 2천 수백 년의 세월을 지나면서 세계 각지에 전파되어, 수많은 형태로 분파되고, 그 설법도 실로 다종다기하고 복잡해졌다.

그러나 이러한 복잡한 내용을 내포한 불교사상 중에서, 나는 다행스럽게도 대단히 훌륭한 두 사람의 불교사상가를 접할 수가 있었다. 한 사람은 일본의 불교사상가인 도원 선사이며, 또 한 사람은 인도의 불교사상가인 용수 존자이다. 이 두 사상가의 주장을 읽었을 때에 크게 감동한 것은, 불교사상이 말의 표현은 다를지라도, 그 기본적인 철학체계에 관해서는 완전히 일치한다는 점이었다. 그 결과 나는, 이 세상에는 천차만별의 사상이 존재하지만, 그 최고 수준에 속하는 철학으로서는 단 하나가 있을 뿐이라는 것을 통감하였다. 그리고 가령 불교사상을 설한다면, 반드시 그 최고 수준에 속하는 순일純一한 불교를 설해야 한다고 확신했다.

따라서 이 책에서도, 내가 불교철학에 있어서 최고의

지도자로 생각하고 있는 도원 선사와 용수 존자 두 분의 공통된 불교사상을 기준으로 하여 논의를 진행하여 갈 것을 염두에 두시기 바란다.

1) 근본적인 입장 – 실재론

불교는 한마디로 이 세상의 실재를 믿는 사상이다. 이 세상이 실재하는가 실재하지 않는가의 문제는, 서양 철학에 있어서도 근본적인 중요 과제이며, 이 문제에 관련해서 두 가지 사상의 흐름이 대립하여 왔다. 하나는 관념론이라 불리는데, 인간의 뇌세포가 활동하여 가지각색의 사고思考를 불러일으키는 데에서 생기는 사상 내용을 실재하는 것으로 생각하는 사고방식이다.

이 사고방식은 우리 동양인의 입장에서는 쉽게 받아들일 수 없는 사상이기는 하지만, 고대 그리스의 플라톤(Platon, 기원전 427~347)이라는 철학자가 이 주장을 하여, 그것이 2000여 년에 걸쳐 서양의 사상을 지도하는 하나의 원동력이 되었다. 우리들의 머릿속에서 생겨난 사상, 즉 관념이 이 세상의 실재라고 생각하여, 우리의 이성을 절대시하고 수학을 존중하며 논리를 존중하는 사고방식이, 오랜 기간에 걸쳐 서양의 문화를 형성하는 하나의 기둥이 되어 왔다. 특히 기독교적인 신앙이 사회와 사상을 지배해 온 유럽의 중세에 있어서는 이러한 관념론이 사회 전체를 규율하는 기준이 되었다.

그러나 서양의 사상계에 있어서 단순히 관념론만이 모든 것을 지배한 것은 아니다. 관념론과 대립적 위치에서 정반대의 주장을 하는 유물론의 사상도, 서구 사회에서는 몇 천 년에 걸쳐 사람들의 생활에 크나큰 영향을 끼치고 있다.

예를 들어 플라톤과 거의 같은 시대에 활약한 데모크리토스(Democritos, 기원전 460~370)는, 이 세상은 아톰(atom)이라는 미립자의 집합체라 하여, 오늘날 물리학의 물질에 대한 사고방식과 같은 사상을 갖고 있었다. 이 사상은, 중세가 그 종말을 맞은 14세기경부터 도래한 르네상스 시대 이후, 과학의 발달에 수반하여 급격히 서양 사회를 지배하게 되었다.

근세에 들어와서는 물질과 정신의 존재를 양쪽 다 인정하는 대륙합리론이라 불리는 철학의 흐름도 있었지만, 그 후 감각의 활동을 중심으로 하여 이 세상을 파악하는 영국의 경험론이나 독일의 포이어바흐(Feuerbach, 1804~1872), 카를 마르크스(Karl Marx, 1818~1883) 등의 유물론 철학이 서양 사회를 지배하였다.

그러나 불교에서는 이들 관념론이나 유물론은 머릿속

에서 만들어진 사상이며, 우리들이 실제로 살고 있는 현실 세계와는 다르다고 주장한다. 불교에서는 우리들의 머릿속에서 성립된 사상은 현실 그 자체가 아니며, 우리들의 감각기관을 통하여 받아들여진 외계의 자극도 감각기관의 흥분상태에 불과하며 실재하는 것이 아니라고 말한다. 따라서 불교에서는 우리들의 머릿속 사상도 아니고, 감각기관의 흥분도 아닌 현실 세계의 실재를 주장한다. 이와 같은 입장에서 보면, 유물론자가 물질을 현실과 동일시하는 사고방식은 잘못이다. 따라서 불교의 현실 세계는 정신세계와도 물질세계와도 다른, 현재 순간의 실재를 의미한다고 생각할 수 있다.

서양 철학에 있어서는, 철학적인 사고는 모두 이성의 세계나 감각의 세계에 속해 있으며, 행위의 세계를 이성과 감각의 세계로부터 분리하여 생각하는 사고방식이 없다. 그러나 불교에서는, 우리들은 이성의 세계나 감각의 세계에 사는 것이 아니라, 바로 행위를 하는 현실 세계에 살고 있다고 주장하고 있다. 따라서 불교의 입장으로서는, 그러한 의미에서 이 세상의 실재를 믿어 의심치 않는다.

2) 체계적인 사상 내용

(1) 사성제의 가르침

　불교 혹은 불도를 믿는 대상이 이렇게 머릿속에서 생각한 현실도 아니고, 눈으로 보이고 귀로 들리는 감각적인 자극으로서 파악한 현실도 아니며, 우리들의 일상생활에서의 행위가 현실이라는 사고방식에 입각한다면, 난감한 문제가 하나 생긴다. 그것은 그러한 현재의 순간에 있어서 행해지는 행위가 실재한다는 것은 의심할 여지가 없으나, 그 현실의 내용을 말로 설명하는 것은 거의 불가능하다는 문제이다. 석존께서도 이 문제의 해결에는 상당히 고심하셨을 것이다. 그리고 그 결과, 석존이 발견하신 방법이 사성제四聖諦라는 가르침이다.

　사성제의 가르침이란, 고성제苦聖諦, 집성제集聖諦, 멸성제滅聖諦, 도성제道聖諦라는 네 개의 사고방식이다. 석존은 단 하나의 철학 체계로, 관념도 아니고 감각도 아닌 현실을 설명하는 것이 거의 불가능하다는 것을 아시고, 우리들이 보통 생각할 수 있는 네 종류의 철학 체계를 중복적으로 보는 것에 의하여, 말로 표현할 수 없는 현실을 설명하는 것을 시도하여 훌륭하게 성공하셨다고 볼 수 있다.

① 고성제

우선 첫 번째로 고성제란 고통의 철학이라는 의미이지만, 그것을 현대어로 표현한다면 관념론 철학을 가리키는 것으로 이해할 수 있다. 왜냐하면, 고통이라는 것은 실재하는 것이라기보다는 관념적으로 느끼는 것이기 때문이다. 우리 인간은 모든 사물을 말, 즉 관념으로써 설명할 수 있다고 생각하고, 나아가 우리의 관념으로 표현된 그것은 실재한다고 생각하는 경향이 있다.

그러나 우리들이 살고 있는 현실 세계는 결코 말로 표현될 수 있는 단순한 세계가 아니며, 설명되어진 모든 것이 존재하는 것도 아니다. 그러므로 관념론의 입장에서 문제를 생각했을 경우, 우리들은 추상적인 관념으로 설명한 완전한 세계와 결코 관념처럼 완전하지 않은 현실 세계를 대비하며 고뇌하지 않을 수 없게 된다. 이것이 석존이 관념론 철학을 고성제로 명명하신 원인이라고 생각한다.

② 집성제

다음에 석존은 다른 각도로 집성제를 생각하셨다. 집集이란 미립자의 집합을 의미한다. 현대 물리학에서도 물질 세계를 전자나 중성자라는 미립자의 집합으로 설명하는 이론이 있지만, 그것과 유사한 사상이 고대 인도에 존재하였고, 한역 경전에서는 미진微塵이라는 용어로 사용되고 있다. 따라서 집성제는 이 세상을 전자 · 중성자라는 미립자의 집합으로 이해하는 사고방식이며, 서양의 과학적인 유물론과 동일한 입장의 철학 체계라고 이해할 수 있다.

이렇게 생각하면, 이 고성제와 집성제라는 사고방식은, 서구 사회에서 흔히 존재하는 것으로 결코 새로운 사상은 아니다. 그러나 이 두 개의 사상은, 서양 사상 중에도 명백하듯이 완전히 대립 모순되는 철학으로서, 관념론이 성립되는 세계에서는 유물론은 성립될 수 없고, 유물론이 성립되는 세계에서는 관념론이 절대로 성립될 수 없다. 그래서 석존은, 이 두 갈래 대표적인 철학의 중간에 의문의 여지가 없는 모순이 있다는 것에 착안하셨다.

③ 멸성제

석존이 철학적인 사색 중에 명료하게 의식한 관념론과 유물론과의 중간에 존재하는 모순을 초월하기 위하여 발견한 철학이 멸성제이다. 멸성제는 산스크리트어로 니로다 사티아(nirodha satya)인데, 니로다는 금지 · 억제 · 관리의 의미가 있으므로, 니로다 사티아는 자기 규제, 자기 관리에 관한 철학의 의미로 이해할 수 있다. 석존은 우리들의 사고가 인간의 이성에 의존한 관념론 철학이나, 인간의 감각작용에 의존한 유물론 철학의 영역에 머무는 한, 우리들의 현재의 순간적인 행위의 실체를 장악하는 것은 도저히 불가능하다는 것을 아시고, 사고나 감각의 세계에서 빠져나와, 행위의 실체에 돌입할 필요성에 착안하셨다. 그리고 예로부터 인도에 전하여 온 요가(Yoga) 중에서 가장 적합한 자세인 좌선의 자세를 채용하시어, 우리들의 행위 중에 현실에 입각한 실천 철학을 발견하셨다. 그리고 이 사실은, 20세기 이후 급속히 발달한 심리학과 생리학, 특히 인간의 체내에 내재하는 자율신경의 활동과 관련시켜 생각할 경우, 지극히 명료한 이론을 발견할 수 있다.

우리들의 체내에는 자율신경이 분포되어 있다. 그리고 그 자율신경은 교감신경과 부교감신경으로 나누어져 있으며, 교감신경과 부교감신경은 전혀 반대의 기능을 발휘하는 성격을 갖고 있다. 교감신경이 센 경우에는 인간은 사색에 치우치고 양심적이기는 하지만, 남에게 공격적이고 비판적이고 고립되는 경향이 있다. 따라서 육체적으로는 긴장하여 식욕이 떨어지고 수면 부족이 되기 쉽다. 그러나 반대로 부교감신경이 센 사람은 긴장이 풀어진 상태가 되어 감각은 민감하지만, 노력을 하지 않는 경향이 있어 비만이나 고혈압의 징후가 나타나기 쉽다.

물론 석존이 생존하셨던 고대 인도에 자율신경에 관한 이론이 발견되지 않았던 것은 아니다. 여러 각도에서 인간 생활 중에 나타나는 부자연스러운 상태를 관찰하셨던 석존은, 인간의 신체적인 조건이 인간의 심리작용에 심각한

영향을 끼친다는 것을 간파하셨을 것이다. 그리고 좌선 수행을 계속하는 중에, 어느덧 자신도 모르게 자율신경의 균형 잡힌 상태를 체험하셨을 것이다. 그리고 이러한 석존의 좌선 수행이, 오늘날 세계인들에게 불교가 삶의 지표와 사상의 확장을 가져다 주는 가르침으로 등장하는 데 기초가 되고 있는 것도 사실이다.

우리들의 교감신경이 센 상태에서 자각되는 관념론 철학이 진정으로 신뢰할 수 있는 철학인지 아닌지의 문제와, 부교감신경이 센 상태에서 자각되는 유물론 철학이 과연 신뢰할 수 있는 철학인지 아닌지의 문제에 관하여 생각해 볼 때 의문이 끊이지 않는다. 그리하여 교감신경과 부교감신경이 완전히 균형상태에 달했을 때에 나타나는 현재 순간의 행위 그 자체야말로 우리들의 진정한 인생이라고 하는, 행위의 철학이 등장한다.

이것이 멸성제이며, 이 행위의 철학에 기대어 인류는 행위의 세계에 돌입하여 비로소 현실 세계를 살 수 있게 되는 것이다.

④ 도성제
이러한 형태로 석존이 행위의 세계를 체험하셨을 때, 그러한 행위와 법法이라는 우주의 질서가 일치한다는 원칙이 등장한다. 행위의 세계는 자율신경의 균형 잡힌 세계

이며, 이 자율신경의 밸런스가 진실 그 자체이지만, 그 진실은 우주 전체에 깔려 있는 조화로움 그 자체이며, 그것은 우리들 자신의 현재 순간의 행위와, 우주의 질서가 동일한 사실 속의 두 측면이라고 보지 않을 수 없다.

이러한 견해는 현재의 순간에 있어서 우리들의 행위가 우주 질서와 일치하고 있는지 아닌지가 불교철학의 최종적인 과제이며, 석존의 가르침이 우주의 실재를 믿고, 우주 질서의 실재를 믿고, 현재 순간의 우리들의 행위가 우주 질서와 일치하고 있는지 아닌지의 문제가 우리들 인생의 가치를 결정짓는 최고의 기준이라는 것을 주장하고 있다. 따라서 석존이 설하신 가르침은 지극히 보편적이고 도의적인 가르침이라고 할 수 있다.

이상이 사성제의 개략이지만, 서양 사회에서 발달한 관념론과 유물론과 동일한 사상 체계를 받아들이면서, 이성이나 감성의 철학과 차원이 다른 행위의 세계에 돌입하여, 우주 질서와의 합일을 주장한 현실주의적인 불교철학이, 최근 서구 세계에서 대단한 관심을 보이고 있는 것은 결코 우연이 아닐 것이다.

(2) 인과의 이법

고성제의 가르침은 불교철학에 있어서 관념론의 입장

에 속하는 이론적 측면의 대표이지만, 여기에는 단순히 관념론적인 가르침만이 아니라, 집성제의 입장에 속하는 유물론적인 측면을 또한 갖고 있다. 이러한 유물론적인 측면의 가르침이 인과因果의 이법理法이다.

불교철학에 있어서는 인과의 이법은, 이 세상 일체가 원인과 결과의 관계에 근거한다는 사고방식인데, 이를 오해하여, 인과의 관계에 따라서 인간이 죽음을 맞이한 이후에도 영혼이 육체에서 빠져나와 다른 세계에서 다시 태어난다는 윤회전생輪廻轉生의 사고방식이 있다. 그러나 이것은 불교의 교의 체계가 발전하기 이전에 고대 인도의 사회를 지배하던 바라문婆羅門의 가르침으로, 이러한 사고방식이 불교사상에 혼입된 것이지 석존께서 설하신 진의眞意는 아니다.

석존은 불교철학이 갖고 있는 기본적인 입장, 즉 정신과 육체가 하나라는 물심일여物心一如의 주장에 따라서, 육체가 소멸하면 영혼이 육체에서 빠져 나가 정신세계에 태어난다는 주장은 있을 수 없다고 주장하며, 오히려 윤회전생설을 부정하였다.

석존은 자율신경이 균형 잡혔을 때 생겨나는 이 세상일체가 단순히 물질적인 측면만이 아니라 정신적인 측면도 포함한 인과의 관계에 따라 운용되고 있음을 주장하고 있다. 그리고 그 인과관계는 자연과학이 주장하고 있듯이,

일푼일리의 오차도 없이 100% 정확하게 우주에 충만되어 있다는 사고방식이다. 따라서 불교철학에 있어서는 이 세상 일체가 자연과학적이고, 100% 정확하게 물질세계만이 아니라 정신세계도 포함하여, 인과의 관계로 관철되어 있다는 해석을 취하고 있다.

일반적으로 종교적인 사상 중에는 이 세상에서 다소의 불합리성을 인정하고 인과관계를 정확하게 보는 사고방식이 적지만, 불교사상에서는 이 세상 일체에 대하여 어떠한 불합리성도 인정하지 않는다. 게다가 그러한 인과관계가 자연과학처럼 물질적인 측면만을 지배한다는 취지가 아니라 정신적인 측면도 포함한 행위의 세계에서 일어난 일로서, 선행을 하는 사람은 반드시 행복해지며, 악행을 하는 사람은 반드시 불행해진다는 100%의 철칙을 믿고 있다.

그러나 이 세상의 실정을 보면, 과연 그러한 원인 결과의 법칙이 100% 정확하게 작용하느냐의 문제에 대하여 많은 사람들이 의문을 갖고 있을 것이다. 신문의 사회면을 보면, 성실하게 사는 사람들이 큰 불행에 처하고, 올바른 행위를 한다고 볼 수 없는 인물이 행복해 보이는 예도 적지 않다. 그러나 그러한 문제에 대하여 불교에서는 삼시三時의 업業이라는 체계를 설한다. 삼시의 업이란, 행위에는 세 종류의 시간의 차이가 있다는 의미로, 원인과 결과의 관계에 대하여, 원인과 동시에 결과가 곧 나타나는 경우와, 원인이 있고 잠시 시간이 경과한 후에 결과가 나타나는 경우, 원인이 있고 상당한 시간이 경과하고 나서 결과가 나타나는 경우의 세 가지이다. 따라서 원인이 있는데 긴 시간이 경과해도 결과가 나타나지 않을 경우, 그러한 상태를 보는 사람들은 오해할 가능성이 있다. 그러나 그러한 오해는 원인과 결과의 사이에 상당히 긴 시간의 경과가 있을 수 있다는 생각을 받아들이지 못하는 데서 생겨난 설부른 판단이며, 불교의 세계에서는 일체의 원인 결과가 반드시 구체화한다는 것을 확신하고 있다.

그러나 가령 이 세상 일체가 인과의 관계에 의하여 속박당하기만 한다면, 다시 어려운 문제가 생긴다. 그것은 인간의 자유의지가 설 자리가 없어진다는 문제이다. 가령 이 세상 일체가 인과에 묶여 버린다면, 현재는 과거에 의하여, 미래는 현재에 의하여 완전히 속박당하기 때문에 우리에게 자유라는 것은 있을 수 없다는 결론에 도달할 수밖에 없다. 그러나 인간의 자유가 전혀 존재하지 않는다면, 인간은 좋은 일을 하려 해도 과거에 묶여 할 수 없고, 나쁜 짓을 하지 않으려 해도 그럴 힘이 없게 된다. 그렇다면 우리들은 선악을 논의할 의미도 없으며 도덕의 문제도 존재하지 않는다.

두뇌가 극히 명석하셨던 석존은, 당연히 인간이 안고

있는 이 인과관계와 선악과의 모순점을 발견하고, 이 문제를 풀어내기 위한 초인적인 노력을 하셨을 것이다. 그리고 이 문제의 지극히 명료한 해결로서, 찰나생멸刹那生滅의 도리에 도달하셨다.

(3) 찰나생멸의 도리

찰나생멸의 도리란, 이 세상의 일체가 끊임없이 생기고 사라지고 생기고 사라진다는 사고방식이다. 왜 그러한 사고방식이 생겨났을까?

우리가 어떤 잘못을 저질렀을 때, 후회하여 과거로 되돌아가 다시 회복하려고 해도, 한번 지나가 버린 순간은 영원히 돌아올 수 없다. 따라서 우리가 과거로 되돌아가 산다는 것은 절대로 불가능하다는 것을 알 수 있다. 또 우리들은 미래를 향하여 아름다운 꿈을 꾸지만, 그것도 꿈을 실현할 수 있는 현재의 순간이 도래하지 않는 한, 그 꿈을 실현하는 것은 절대로 불가능하다. 따라서 우리들은 미래의 시간 속에서도, 과거의 시간 속에서도 절대로 살 수 없다는 사실이 명확해진다. 즉 우리들이 현실에 살 수 있는 시간은 오로지 현재의 순간뿐이며, 그 현재의 순간은 면도날처럼 지극히 폭이 없는, 육안으로 확인할 수 없는 시간이다. 마치 진주 하나를 면도날 위에 올려 놓으면 순간적으로 떨어지듯이, 인간의 행위는 지극히 짧은 현재의 순간에 행해지기 때문에, 그 현재의 순간에만 행위의 자유가 있을 수 있다는 이론이 성립된다.

이것이 석존께서 처음으로 착안한 이론으로, 인간의 행위는 완전히 과거·현재·미래에 묶여 있지만, 지극히 짧은 현재의 순간만은 자유 선택이라는 주장의 근거이다. 이것이 서구 세계에서 몇 천 년에 걸쳐 해결할 수 없었던 인과관계와 인간의 자유에 있어서의 모순에 대해 불도의 입장에서 던져 주는 명백한 해답이다.

(4) 좌선

그러나 우리의 실생활을 되돌아보면, 우리들의 행위는 그렇게 이론대로 일어나는 것이 아니다. 우리는 스스로 실행하려고 생각한 것들을, 주위의 사정에 의하여 실행할 수 없는 경우가 많다. 생각할수록 멀어져 가는 상황이 발생하고, 또 반대로 '하면 안 된다, 안 된다' 하면서 자제를 못하는 경우도 있다. 인간은 스스로 만물의 영장이라 일컫지만 실제 생활에 있어서는 환경의 노예라고 불릴 만큼 비참한 상태가 되어 버리곤 한다. 이 문제에 관하여 우리 인류는, 20세기에 도달할 때까지 그 근본적인 이유를 몰랐었다. 20세기에 이르러 근대적인 심리학이나 생리학의 발달이,

우리들에게 그 이유를 가르쳐 주게 되었다.

우리들의 신체에는, 자율신경이라고 불리는 신경 계통이 있다. 이 신경 계통은 우리들이 보통 자각할 수 없는 성격을 갖고 있다. 그러나 동시에 이 신경 계통은 우리들의 일상생활 중에 지극히 중대한 역할을 하고 있다. 예를 들면, 우리들이 음식을 먹으면 식도를 통하여 위장으로 들어간다. 그러면 위가 활발하게 움직여 소화에 필요한 위액을 분비하여 소화시킨다. 또 운동선수가 경기에 참가할 때나, 많은 사람 앞에서 연설을 할 때에, 그 상황에 익숙하지 않은 사람들은 긴장하여 심장 박동이 빨라져 침착하려고 해도 잘 제어되지 않는다. 이러한 것이 모두 자율신경의 활동이다. 자율신경은 인간의 의지에 따라 움직여지지 않는 성격을 갖고 있다.

이 자율신경은 교감신경과 부교감신경으로 나누어져 있다. 교감신경은 원칙적으로 긴장을 촉진시키는 역할을 하며, 부교감신경은 긴장을 완화시키는 역할과 관계가 있다. 따라서 교감신경이 셀 때는 우리들은 긴장하고 초조한 상태가 되고 신체가 경직되어 행동을 자유롭게 할 수 없다. 반면에 부교감신경이 세면 긴장감이 결여되어 심하게는 행동할 의욕을 잃고 소극적이고 행위를 도피하려는 태도를 취하기 쉽다. 따라서 교감신경이 센 경우도, 부교감신경이 센 경우도 행위의 실행에는 적합하지 않다. 교감신경과 부교감신경이 균형과 조화를 이룰 때, 자기의 행동을 올바르게 취할 수 있는 상태가 나타난다.

석존은 좌선에 의하여, 이러한 자율신경의 균형 상태를 얻을 수 있다는 것을 발견하였다. 이것이 인간의 본래의 상태이며 가장 바람직하게 행동할 수 있는 상태인 것을 체험하고, 우리들이 실제로 살고 있는 이 현실 세계를 확인하기 위한 가장 좋은 방법인 것을 확인하였다.

인간에게 이러한 자율신경의 균형 잡힌 순간이 가장 본원적인 상태라는 사고방식은, 인류에게 대단히 귀중한 의미를 내포하고 있다.

인류의 긴 역사를 통해 볼 때 사상이 관념적이고 이상을 동경하는 태도가 옳다고 생각하던 시대가 있었다. 또한 관념론적인 정신주의를 버리고 물질적인 이득이나 육체적인 쾌락을 추구하는 유물론적인 사고가 옳다고 생각하던 시대도 있었다. 그러나 몇 천 년에 걸친 인류의 진실에 대한 추구가, 근대적인 심리학·생리학에 위대한 발전을 보여, 좌선할 때에 나타나는 자율신경의 밸런스가 실은 인류의 본연의 자세라는 사고방식의 타당성이 입증되었다. 이것은 긴 세월을 지배해 온 관념론과 유물론의 대립을 극복하고, 인류에게 최종적인 진실이 무엇인지를 제시하여 주는 것으로서 그 의미가 대단히 크다.

2. 사성제의 가르침과 세계의 역사

이상 진술한 바와 같이, 불교는 네 개의 전혀 차원을 달리하는 사성제라는 철학을 기반으로, 이 현실 세계의 실태를 설명하는 가르침이지만, 그러한 불교적 사상이 실제로 우리들이 살고 있는 인류의 역사 속에서 어떠한 위치를 차지하고 있느냐 하는 문제를 생각해 보고자 한다.

고대 그리스 문명을 되돌아보면, 거기에는 위대한 관념론 철학자 플라톤과 그 제자 아리스토텔레스(Aristoteles, 기원전 385~322)가 있다. 그러나 그리스 시대에 뒤이은 로마 시대에 있어서는, 로마 민족이 극히 실천적인 민족이었기 때문에, 플라톤이나 아리스토텔레스의 관념론이 시대의 중심사상이 되지 못하고, 오히려 지극히 도덕적인 스토이시즘(Stoicism)의 사상이나, 향락적인 에피큐리안(Epicurean)의 사상이 인생관의 중심이 되었다.

1) 관념론의 시대

예수 그리스도가 탄생하여, 그 가르침이 많은 사람들에

게 환영받은 것은, 신神에 대한 신앙에 입각한 정신이나 영혼이 숭배되어, 인간 사회를 관념론적인 입장에서 이해하게 되었기 때문이다. 그리고 그러한 이해가 역사의 추이에 따라서 로마의 영역으로 옮겨져, 드디어 로마제국의 광대한 지역을 통하여 유럽 전역에 확산되었다. 따라서 유럽의 거의 전토가 기독교적인 신앙에 의하여 지배되었던 중세 시대를, 기독교적인 신앙의 보급을 통하여 종교적인 관념론이 사회의 구석구석까지 침투되었던 시대로 이해할 수가 있다.

2) 유물론의 시대

그러나 중세의 말기에 가까워지면서 사회 정세가 변화하기 시작했다. 동서의 육상교통이 활발해지는 동시에 항해술의 발달에 따라 동서의 해상 교역로가 개발되어 유럽의 경제활동이 활발해지면서, 소규모의 제조업도 출현하기 시작하였다. 그에 수반하여 사상적인 측면에도 변화가 생기고, 사람들은 고대 그리스·로마 시대의 인간주의 문화를 동경하기에 이르렀다. 또 천체의 운행에 관해서도, 오랫동안 가톨릭 교회의 교의로써 해석되었던 천동설이, 진지한 천문학자들의 노력에 의하여 지동설로 바뀌었다.

이러한 사상상의 변화에 따라서, 사람들은 단순히 추상적인 사고의 세계만이 아니라 객관적으로 관찰할 수 있는 실체적 세계를 발견하고, 일체의 이론을 과학적인 실험을 통하여 확인하는 실증적인 탐구가 발전하였다.

근세에 들어와서도 독일의 칸트(Kant, 1724~1804)나 헤겔(Hegel, 1770~1831)에 의하여 대표되는 극히 뛰어난 관념론 철학이 있었지만, 그것과 병행하여 영국에서 발달한 경험론이나 독일의 포이어바흐나 마르크스에 의한 유물론이, 과학의 발달과 함께 눈부신 성과를 거두었다.

이러한 관점에서 르네상스 이후, 19세기의 마르크스주의 철학의 성행까지를, 현저하게 과학적인 유물론사상이 발전한 시대로서 특징 지을 수 있다고 생각한다.

3) 현실주의 시대

그러나 19세기 말엽에 과학적인 유물론이 전성기를 맞으면서, 인류 사회에는 극단적인 유물론에 대한 반성이 생기기 시작했다.

독실한 기독교도였던 덴마크의 키르케고르(Kierkegaard, 1813~1855)는 당시의 유물론 전성기를 관찰한 결과, 장래에 기독교 신앙의 유지가 곤란하다는 것을 예견하고, 인간의 현재 순간의 실존에 의거한 오늘날의 실존주의實存 主義 철학의 최초 출발점을 구축하는 역할을 하였다. 그 리고 그 사상은 독일의 니체(Nietzsche, 1844~1900)에 인계 되어, 야스퍼스(Jaspers, 1883~1969)나 하이데거(Heidegger, 1889~1976)로 이어지는 결과가 되었다. 또 후설(Husserl, 1859~1938) 등의 현상학現象學도 단순히 인간의 주관적인 의식만이 아니고 객관적인 사물만도 아닌, 그 중간에 존 재하는 현상을 중심으로 한, 관념론과 유물론과의 통합 을 시도한 경향을 보였다. 그리고 또 미국에서 발달한 프 래그머티즘(Pragmatism)의 기본적인 입장도, 현재 순간에 있어서의 주관적인 유용성과 물질의 객관적 조건과의 접 점에 현실의 해결을 발견하려는 철학이라고 생각할 수 있 다. 니체, 베르그송(Bergson, 1859~1941), 딜타이(Dilthey, 1833~1911) 등에서 보이는 생生의 철학도, 주관적인 의식 과 육체적인 에너지와의 접점으로서의 생명 그 자체 중에 실재의 근원을 추구하려 한 철학이 아닐까 생각한다.

이와 같이 19세기 중엽 이후에 발생한 철학 중에는 하 나같이 주관적인 관념론과 객관적인 유물론을 현재 순간 현실의 장면에 접합하여, 주관과 객관이 합일한 현재의 순 간에 현실 그 자체를 발견하려는 공통적 경향이 있다.

3. 금후의 세계와 불도

　아직 일반에게는 알려지지 않았지만, 19세기의 후반부터 20세기에 걸쳐서 인류의 역사는, 현실주의의 시대에 돌입하고 있다고 풀이된다. 그리고 중세 이래 인류의 역사를 생각할 때, 중세의 종교적 관념론의 시대가 불교철학의 고성제에 위치하는 시대라고 본다면, 근세는 과학적인 유물론, 즉 집성제에 위치하는 시대이며, 20세기 이후는 현실주의의 시대, 즉 멸성제에 위치하는 시대에 돌입하였다고 보는 것은, 결코 부자연스러운 견해라고만 할 수 없을 것이다.

　그리고 이러한 중세 이래 인류의 시대적인 경향에 불교철학을 설명하는 사성제의 가르침을 부합시켜서 생각해 보면, 현재 우리들이 무의식중에 모색하고 있는 현실주의가, 인류가 19세기까지 진지하게 추구해 온 이성이나 감각을 기초로 한 사고의 철학이 아니고, 이성이나 감각의 세계에서 빠져 나온 현실의 세계, 행위의 세계에 돌입한 철학이라는 사실을 간과할 수 없다. 인류는 고대 그리스·로마시대부터 답습해 온 이성과 감각을 기초로 한 사고의 철학에서 빠져 나와, 철학적으로 완전히 새로운 실천의 시대, 행위의 시대에 들어서고 있는 것이다.

그러나 과연 인류가 과거 몇 천 년에 걸쳐 경험해 온, 사고의 철학에서 빠져 나와 실천의 철학, 행위의 철학의 시대에 들어가는 것이 과연 가능할까?

이것은 우리들이 오늘날까지 계속해 온 사고의 세계에 있어서의 노력으로는 필경 불가능할 것이다. 그런데 다행히도 우리 인류는 2천 수백 년 전에 인도에서 탄생된 불교철학이 긴 세월에 걸쳐 계승되어, 오늘도 그 사상의 혜택을 받을 수 있게 되었다.

석존은 당시 성행했던 관념론적인 바라문교婆羅門教의 가르침과 유물론적인 육사외도六師外道의 가르침과의 정면승부에서 고뇌하며 피눈물 나게 탐구한 결과 예로부터 인도에 전해 온 좌선 수행법에 의거하는 것으로써 문제를 극복하셨다.

우리들은 좌선을 함으로써 자율신경의 밸런스를 획득할 수 있으며, 교감신경과 부교감신경의 균형을 통하여, 교감신경의 활동과 밀접한 관계가 있는 관념론의 입장에서 빠져 나올 수가 있으며, 또 부교감신경의 활동과 밀접한 관계가 있는 유물론적인 입장에서도 빠져 나올 수가 있다. 거기에는 머릿속의 사고에서 생기는 관념론의 세계도 소멸하고, 감각적인 자극에서 생기는 유물론의 세계도 소멸한다. 곧 눈앞에 있는 그대로의 현실 세계가 전개되어,

이 세상 일체의 문제를 현재 순간에 있어서의 현실 문제로서 우리들 자신의 행위를 통하여 해결하는 철학이 부여된다.

이것은 인류 역사가 고성제·집성제의 시대를 경과하여 행위를 중심으로 한 멸성제의 시대로 돌입하는 것이며, 그러한 시대가 이미 시작되었다고 해석할 수 있다.

만약 인류의 역사 중에 석존의 존재가 없었다면, 실천적인 수행인 좌선 수행에 의한 문제의 해결은 있을 수 없었을 것이다. 이것은 긴 세월에 걸쳐 이성과 감각이라는 두 축을 기반으로 경이적인 발전을 이루어 온 서양 문명이 드디어 제3의 단계를 맞아, 좌선이라는 실천적인 탐구를 통하여 새로운 행위의 단계에 돌입하고 있다고 할 수 있다. 인류는 불교철학이 설하는 행위의 철학, 현실의 철학을 몸에 익히는 것으로, 전혀 새로운 문명의 시대를 개척하면서 새로운 현실주의의 시대를 향하여 전진하고 있다고 할 수 있다.

2장

선과 기업 경영

1. 선이란 말의 의미

세간에서는 선이란 말에 대하여, 추상적인 환영幻影을 믿고 있는 듯하다. 그러나 그러한 구체성이 없는 환영이 선이란 말의 본뜻이 아니다. 왜냐하면, 13세기에 일본에서 활약한 불교사상가 도원道元(1200~1253) 선사의 『정법안장正法眼藏』에 의하면, 선이란 말은 선나禪那라는 말의 생략된 형태이며, 선나란 불교철학의 출발점인 디야나(Dhyana)라는 수행법의 발음을 그대로 중국어로 표현한 말이다.

따라서 선이란 말은, 오늘날 우리들이 부르고 있는 좌선 수행을 나타내는 말이다.

2. 선이란 무엇인가?

그러면 선이란 도대체 무엇인가? 이 문제에 대하여 도원 선사의 주장은 지극히 단순명료하다.

한 부분을 인용하면, 그는 네 개의 키워드를 사용하여 좌선의 실체를 해명하고 있다. 그것은 1) 비사량非思量, 2) 정신단좌正身端坐, 3) 심신탈락心身脱落, 4)타성일편打成一片이다.

1) 비사량

비사량이란, '생각하는 것이 아니다'라는 의미이다. 좌선의 해설에 즈음하여, 좌선이란 불교철학의 여러 문제를 고찰하고, 그 의미를 해명하는 수행이라고 이해하는 방법이 있지만, 도원 선사는 오히려 그 점을 부정하고, 좌선은 무엇인가를 생각하는 것이 아니라는 주장을 하고 있다.

2) 정신단좌

정신단좌란 '자세를 바로하고 단정하게 앉는다'는 의미인데, 도원 선사는 좌선의 의미를 오히려 신체적인 동작으로서 파악하고 있다.

3) 심신탈락

심신탈락이란 '몸과 마음이 빠져 나간다'는 의미이다. 여기에는 다소의 해설이 필요하다. 사실, 이 말의 진의는 20세기에 들어와서 근대적인 심리학이 발달할 때까지는 정확한 해명이 어려웠다. 그러나 다행히도 19세기부터 20세기에 걸쳐서 활약한 지그문트 프로이트(Sigmund Freud, 1856~1939)의 심층심리에 관한 연구나 근대 생리학의 자율신경의 해명에 의하여, 지극히 확률이 높다고 생각되는 가설을 상정하는 것이 가능해졌다.

근대 생리학의 성과로서, 인간의 체내에 자율신경의 존재를 확인할 수 있게 되었지만, 이 자율신경은 상호 대립하는 — 이를 길항拮抗 작용이라 한다 — 신경조직으로서, 교감신경과 부교감신경으로 나누어져 있다. 예를 들어 교감신경이 센 경우에는, 사람은 긴장하는 경향이 있고 사고력에 뛰어나 정의감이 강한 반면, 남을 비판하는 경향이 크며 투쟁적이고 정신주의적이다. 이에 반하여 부교감신경이 센 사람의 경우는, 비판적인 태도가 결여되어 타협적이지만, 근면한 태도가 안 보이고 모든 문제에 대하여 도피적이고 겁쟁이가 된다.

이러한 자율신경의 언 밸런스는, 석존이 생존하셨던 시대에도 당연히 존재하였다. 석존은 이러한 인간의 자율신경 균형의 결여가, 모든 인간의 불행의 근원이라는 것을 깨달으시고, 좌선 수행에 의한 자율신경의 균형을 확보할 것을 가르치셨다.

도원 선사가 처음에, 일본의 불교 수행에 관하여 납득이 안 가서, 중국에 건너가 천동여정天童如淨(1163~1228) 선사에게서 배운 "좌선은 심신탈락이다."라는 주장도, 바로 자율신경의 균형에 의하여 나타나는 플러스(+) 마이너스(-) 제로(0)의 상태와 밀접한 관계가 있다. 경전에서 좌선의 경지를 나타내는 말로 자주 쓰는 '등等'이라는 표현도 교감신경와 부교감신경과의 균등을 의미하며, '정定'이라는 말도 서로 대립하는 두 종류의 신경이 같은 힘이 됐을 때 생기는 안정을 의미한다.

또 좌선의 내용을 제시하는 '자수용삼매自受用三昧'라는 표현은 자수용이라는 말이 자수自受와 자용自用의 둘로 나뉘는데, 자수는 부교감신경의 활동을 의미하며, 자용은 교감신경의 활동을 의미한다. 이 자수와 자용이 같은 힘이 됐을 때 나타나는 균형 상태를 '자수용삼매'라는 말로 표현하는 것이다. 또한 삼매란 산스크리트어의 사마디(samadhi)이며, 경지境地·경애境涯라는 의미이다.

4) 타성일편

좌선을 하고 있으면 자연히 자율신경의 균형이 구체화하여, 교감신경에 근거한 관념론적인 경지가 소멸되고, 동시에 부교감신경에 근거한 유물론적인 경지도 소멸되어 버린다. 거기에는 마음이라는 의식도 사라지고, 물건이라는 의식도 사라져, 오로지 자세를 바르게 하고 앉아 있는 자기 자신과 우주가 남는다. 마음과 몸의 분열이 사라져, 오직 혼자만의 자기가 우주 속에 앉아 있다. 이 상태를 도원 선사는 타성일편이라 부르고 있다. 그것이 행동의 세계이며, 행동을 중심으로 한 불교철학의 핵심이다.

3. 기업경영과 좌선

　우리는 현재 자본주의의 경제 체제 속에서 살고 있다. 따라서 긴 세월에 걸쳐 축적된 방대한 자본에 의하여 하루하루의 일상생활을 영위하고 있으며, 그러한 자본주의가 구체적으로 발현된 결과로서 기업이라는 형태가 형성되어, 경제생활의 상당히 중요한 부분이 운영되고 있다. 말하자면 기업은 자본주의 사회의 꽃이라 할 수 있는 화려한 결정체이다.

　그리고 그 기업의 가장 중요한 목적과 과제는 이익의 창출이다. 제조업의 예를 들어 보면, 상품을 생산하기 위해서는 거기에 즉각 응할 수 있는 지출이 필요하며, 그 상품을 매각하여 얻어지는 수익—생산에 소요된 지출을 능가하는 금액— 즉 이익의 크기가 기업에 부과된 최대의 과제이다. 따라서 그 이익을 어떻게 확보하며, 동시에 어떻게 증대시킬 것인가의 문제가 기업이 태생적으로 안고 있는 중대한 책무이다.

1) 올바른 판단

머릿속에서만 문제를 생각한다면, 이익의 증대는 그리 어려운 문제는 아니다. 생산에 필요한 비용을 될 수 있는 대로 절약하여, 만들어진 제품을 될 수 있는 대로 비싸게 팔면 된다. 그러나 생산비용을 극도로 절약한 열악한 제품을 시장이 받아주느냐 하면, 현실의 시장은 결코 그러한 안이한 판단을 용납하지 않는다. 또 제품의 품질에 비해 턱없이 비싼 상품이 시장에서 구입의 대상이 될 리도 만무하다. 따라서 머릿속에서 상상한 기업 경영의 세계와, 실제로 직면한 현실의 기업 활동과의 사이에는 상상을 초월한 크나큰 낙차가 있다. 그러므로 현실에 입각한 시장을 대상으로 한 기업 경영을 생각해 보면, 그것은 결코 용이한 일이 아니다. 단순히 시장 내의 동향이라는 것을 감안해 보아도 호황기와 불황기의 시장의 동향은 정반대의 성격을 띤다. 따라서 자본 규모의 증대, 기술 혁신, 국제 유통의 확대, 국제정치의 변동 등을 끊임없이 지켜보아야 한다. 또 경기 변동이나 경제 사회의 진전에 항상 민감해야 할 것이다. 이러한 모든 판단이 기업의 최고 책임자(CEO)의 어깨에 걸려 있다.

기업 경영에 관련하여 이 사실은 대단히 중요하다. 기업을 외부에서 바라보면, 기업에 소속된 다수의 인원들의 공동작업에 의하여 기업이 원활하게 운영되고 있는 듯이 보이지만, 경제계의 실정에서 보면, 기업의 중대한 결정은 어김없이 최고책임자의 양 어깨에 달려 있으며, 그 최고책임자가 내린 판단이, 기업의 성쇠를 결정짓는 경우가 많다.

그러나 기업에서 끊임없이 판단을 내려야 하는 사람은, 결코 기업의 최고책임자만이 아니다. 기업에 속하는 거의 모든 이가 자기가 담당하는 업무에 관련하여 매 순간 판단에 직면하고 있다. 그리고 그 판단은 교감신경이 센 상태에서 생겨난 꿈 같은 이상론인가, 부교감신경이 센 상태에서 생겨난 겁쟁이 같은 소극주의인가, 교감신경과 부교감신경이 균형에 잡혔을 때 생겨난 현황을 냉철하게 관찰한 현실론인가에 걸려 있다. 이러한 시시각각의 판단이 기업의 운영을 조금씩 좋은 방향으로 이끄는지, 나쁜 방향으로 이끌어 가는지를 결정해 나간다. 그리고 이러한 사실은 각 기업에게는 지극히 중대한 결과를 가져온다.

2) 실질적인 측면

우리들의 자율신경이 균형이 잡혀 있다는 것은, 단순

히 우리들의 교감신경뿐만이 아니라, 부교감신경도 활동하고 있다는 의미이므로, 불도佛道의 세계에 있어서는 머릿속에서 생각한 도의적인 정신론뿐만 아니라, 우주를 구성하고 있는 물질적인 에너지의 중요성을 염두에 두는 것도 불가결하다. 그리고 그러한 측면에서 명백하게 떠오르는 문제가, 기업이 갖고 있는 능력이다.

기업 경영은 어떤 의미에서는 경쟁이며 전투이다. 다른 기업과 투쟁하여 승리하지 않으면 안 되는 숙명을 갖고 있다.

(1) 생산기술

그러면 기업경쟁에서 승리를 거둘 수 있는 기준은 어디에 있을까? 그 중 중요한 하나가 생산기술이다. 증기기관차의 발명이 산업혁명을 초래하여, 석유나 전기의 활용이 산업계의 실정을 일변시킨 역사적인 사실은, 아직 우리들의 뇌리에 남아 있으며, 특히 최근의 산업계에 있어서 전자 기기의 활약은, 또다시 새로운 산업혁명이 현재진행중임을 시시각각으로 보여 주고 있다. 이러한 생산기술의 진보는 결코 도피할 수 없는 성격을 띠고 있으며, 만약 이러한 기술혁신의 흐름에 소극적으로 대응한다면, 반드시 산업계에서 낙오한다는 사실은, 우리 주위에서 심심치 않게 볼 수가 있다.

(2) 인재

기업의 힘은 단순히 생산설비나 기술만의 문제는 아니다. 인재의 확보도 역시 중대한 과제이다. 보다 우수한 인재를 확보한다는 것도 물론 중요하지만, 다행히 획득한 우수한 인재를 훌륭한 교육을 통하여, 실제로 직장에서 활약할 수 있는 사원으로 길러내는 일도 중요하며, 또 이러한 인재를 사내에 보유할 수 있는 기업의 포용력과 비전도 동시에 필요하다.

(3) 자금

우리가 현재 자본주의 사회에 살고 있는 이상, 기업에 있어서의 자금의 중요성은 말할 나위도 없다. 정밀하지 못한 사업계획을 바탕으로 무책임한 경영을 하는 것은 당연히 파탄을 초래하게 되며, 그러한 점에서 기업이라 하여도 일푼일리의 오차가 없는 인과관계가 작용하고 있다. 따라서 경리 조직을 엄밀히 정립하여, 각 부서가 매달 월말 결산을 하여, 기업의 성쇠를 계수화하고 검토해 가는 것도, 기업의 견실하고 순조로운 발전을 위하여 불가결하다고 생각한다.

(4) 사회의 수요

기업은 사회의 수요가 있으므로 존속이 가능하다. 이제까지 번영해 온 기업이기 때문에 영원히 번영할 것이라는 생각은 착각에 불과하다. 사회의 수요가 있을 때 기업의 존재가 가능하므로, 인류의 문화사적인 발전을 끊임없이 염두에 두며 사회가 필요로 하는 수요를 예측할 수 있는 선견지명과 노력이 중요하며, 기존의 기업 체제를 시대의 진전에 맞추어 세밀하게 추진해 나가는 것이, 기업의 영속을 위해서는 불가결한 요소이다.

4. 인간 집단의 화합

기업은 어떤 의미에서는, 커다란 인간 집단이다. 따라서 거기에는 인간 집단에 부수되는 공통의 지도원리가 필요하며, 동시에 집단을 구성하고 있는 사람들 사이의 인간관계의 문제가 중요하다. 또 집단의 운영을 순조롭게 진행해 나가기 위한 적절한 조직의 문제가 있으며, 나아가서는 이 지도원리나 인간관계나 조직을 구체적으로 활용하여 나가는 하루하루의 실무가 있다.

1) 기업의 지도원리

기업의 지도원리로서는 이기적인 영리주의를 노골적으로 드러내며, 사원을 질타 격려하는 예도 있는 것 같지만, 인간이 본래 그러한 이기적인 영리주의에 공감하는 소질을 갖고 있는지 어떤지는 다소간 의문을 느낀다.

가령 지극히 작은 기업이라 하여도, 어엿한 우주의 일부를 구성하는 존재이며, 우주의 지배하에 있다는 것은 의문의 여지가 없다. 따라서 지상에 있는 모든 기업은, 각각 방대한 우주 속의 자사 존재의 의의를 생각하여, 그 광대한 우주 속에 새겨질 역사적인 사명을 자각하여야 하지 않을까 생각한다.

이와 관련하여 내가 현재 고문을 하고 있는 주식회사이다(井田)산업에서는 회사에 소속하는 임직원 전원이 각기 자신의 업무 공간에서, 매일 아침 사명감과 함께, "우주의 질서에 따라서 살아가는 성실한 기업이기를 원한다."고 합창을 한다.

그리고 우리들의 맹세로서

1) 고객에게는 최고 가치의 제품을,
2) 거래처와는 성실하게 공존공영을,
3) 사원을 비롯하여 모든 사람에게는 의의 있는 인생을

이라고 외치고 있다.

2) 인간관계

기업 내 인간관계의 양부良否가, 기업의 운명을 크게 좌우하는 것도 사실이다. 기업에 소속하고 있는 사람들이, 자율신경의 밸런스에 관심이 없으면, 교감신경이 센

사람들은 현실과 유리된 공상론을 주장하는 경향이 있고, 부교감신경이 센 사람들은 유물론적인 실리주의만을 주장하는 경향이 있다. 이러한 경우, 기업 내의 회의 등에서는 때때로 두 개의 정반대 이론이 대립하여 무의미하게 서로간 입씨름으로 긴 시간을 소모하여, 드디어는 회사 내에 불필요한 파벌관계를 낳거나, 기업의 귀중한 에너지를 소진시켜 버리는 경우가 적지 않다.

그러나 사내 분위기가 자율신경의 밸런스가 잡힌 공통의 세계관에 놓인다면, 화기애애한 공동관계가 조성되어, 사내의 작업효율의 증대에 현저한 변화가 보이게 된다.

이렇듯 나날의 일상적인 동작을 어떠한 태도로 하는 것이 인간관계가 바람직하게 유지되느냐 하는 문제에 관하여, 도원 선사가 『정법안장』에서 제시하고 있는 네 개의 방안은 지극히 깊은 교훈을 함축하고 있다.

그 네 개의 교훈은 바로 보시布施, 사랑스러운 말씨(愛語), 남을 이롭게 하는 행위(利行), 대의를 따르는 행위(同事)의 네 가지이다.

(1) 보시

보시란 남에게 아낌없이 뭔가를 주는 것이다. 자율신

경이 밸런스가 잡혀 있을 때에는, 과도한 물욕物慾이 사라지고 자기가 필요로 하지 않는 한, 남이 갖고 싶어 하는 것을 주게 된다는 것이다. 급여의 지급에 대해서도 기업 경영에 필요한 자금이 충분히 내부 보유가 된 후의 잉여 자금은 기업에 귀속하는 사람들에게 환원하여, 더욱 기업의 발전에 기여하는 문제도 장기적인 측면에서 생각한다면 결코 무의미한 것이 아니다.

(2) 사랑스러운 말씨

사랑스러운 말씨란, 우리들의 일상생활에 있어서 지극히 당연한 것으로, 조석으로 만나고 헤어질 때 하는 일상적인 인사가 포함된다. 사람은 누구나 비난을 받으면 분하고, 칭찬을 받으면 기쁜 것이다. 『정법안장』에서는 "부드러운 말이 우주를 뒤엎을 힘을 갖고 있다."고 말하고 있다.

(3) 남을 이롭게 하는 행위

남을 이롭게 한다는 것은, 자기 일만 생각하고 남을 위하여 뭔가 해줄 수 있는 여유를 갖지 못하는 인생은 쓸쓸하다는 뜻이다. 손해와 이득을 따지지 말고 될 수 있는 한

남을 위하여 노력하는 태도가 기업 내에 있어서도 효율을 올리고 이익의 증대로 이어진다.

(4) 대의를 따르는 행위

인간 사회에는 가끔, 남이 하는 일에는 반드시 이론異論을 내세우는 사람이 있다. 물론 이것도 자율신경이 밸런스 잡혔을 때의 태도가 아니다. 불도의 세계에서는 특별히 기피할 필요가 없는 한, 될 수 있는 대로 전체의 방침에 동조한다는 기풍이 있다. 이것은 기업이 화기애애한 분위기에 싸여 원활히 운영되어 가기 위해서 필요한 태도이다.

3) 공정한 조직

인간 집단의 화합에 관해서는, 집단 내의 원활한 인간관계도 필요하지만, 동시에 공정한 인사조직의 존재도 불가결하다. 기업 내에서 활동하는 사람들은 누구나 공정한 대우를 기대한다. 따라서 인사평가가 학벌이나 사회적인 계급이나 개인적인 편견이나 파벌에 관한 귀속에 의하여 좌우되는 경우에는, 기업 내에 침체된 기풍이 만연하여 생산능력이 급감한다. 따라서 기업은 대소에 관계없이 엄정한 인사제도를 창조하여, 공정한 인사에 노력해야 한다.

자율신경이 균형잡힌 사람들끼리 같은 사명감에 불타 명랑한 분위기로 일상 근무에 임한다면, 많은 사람들에 의한 조직적인 공동작업이 상상 이상으로 상승효과相乘效果를 발휘하여, 효율적인 집단을 형성하게 된다. 이것을 할 수 있느냐 없느냐가 기업의 성패를 결정하는 중요한 요소가 된다고 생각한다.

4) 기업의 실제적인 예

내가 현재 고문을 맡고 있는 주식회사 이다산업은 사원 수가 6백여 명의 비교적 작은 회사이지만, 매년 4월·5월·9월·10월의 네 차례에 걸쳐, 40여 명의 사원이 교대로 2박3일의 좌선회를, 시즈오카(靜岡) 시의 교외에 있는 도케이인(洞慶院)이라는 사원에서 실시하고 있다. 아침·오전·오후·밤, 하루 네 차례의 좌선을 하고, 또 오전과 오후 두 차례의 기본적인 불교 강화講話를 하고 있다.

좌선 중에는 경책警策 죽비라는 막대기를 사용하여 좌선하고 있는 사람을 내려치는 자극적인 방법은 채용하지 않는다. 식사는 전래의 불도 전통에 따라서, 규칙 바르게 한다. 강화도 딱딱한 정신훈화가 아니고, 기본적인 불교철학에 관한 개론이기 때문에, 새로운 지식으로서 환영받고 있다. 또 별로 접촉할 기회가 적은 다른 파트의 사람들이 침식을 같이하며, 비일상적인 한때를 보내는 것은 예상 못했던 정보교환도 되고 있다.

참가자 중에 좌선에 사용하고 있는 좌포라고 불리는 둥근 방석을 희망하는 사람에게는, 집에서도 좌선을 실행하도록 무상으로 지급한다. 가정에서 좌선을 하게 된 사원의 수도 결코 적지 않다.

공양 시에는, 부장직의 선배 사원이 젊은 신입 사원을 위하여 음식을 배식하는 모습도 볼 수 있어, 사원 상호간의 융화나 신뢰관계의 확립에 좋은 계기가 되고 있다.

이상의 좌선회 이외에, 매주 수요일은 간부 직원을 위한 좌선회가 있다. 오전 10시부터 11시 30분까지, 30분의 좌선과 1시간의 『정법안장』 강의를 듣는 기회가 마련되어 있다.

바쁜 근무시간 중의 일부를 좌선을 하며 지내는 것은, 휴식과 반성의 절호의 기회가 되며, 『정법안장』에 포함되어 있는 인생철학을 흡수하는 기회가 되어, 일상에 바쁜 사람들로부터 예상 외의 환영을 받고 있다.

5. 기업 경영과 자율신경의 밸런스

기업 경영은 종래, 철저한 이익 추구의 노력이었다고 생각한다. 기업 경영자는 개인의 즐거움을 희생하여 기업 경영을 위하여 전력 투구하는 경향이 있다. 그리고 그러한 노력이 교감신경의 흥분을 야기시켜, 스트레스의 누적을 초래하는 결과를 낳아, 야식夜食이 불가결하게 되고, 또 휴일의 골프가 유일한 즐거움이 되는 경향도 있는 듯하다.

그러나 기업 경영자는 개인 시간의 대부분을 경영을 위하여 봉사하고 있으며, 따라서 개인의 대부분의 시간이 교감신경의 긴장상태에 놓여 있다면, 이것은 지극히 위험한 일이다. 인생의 대부분이 자율신경의 균형을 잃고, 스트레스의 증대로만 치달린다면, 과연 즐거운 인생이라고 할 수 있을까?

이러한 상태를 감안해 보면, 기업 경영자는 일상생활 중에서 좌선을 통하여 자율신경의 밸런스를 유지할 필요가 있다. 즉 교감신경의 흥분이 증폭되어 심각한 긴장상태 속에서도 끊임없이 부교감신경의 기능을 유지하여, 초인적인 번망 속에 있으면서도, 오히려 번망을 즐기는 균형 상태를 유지하는 것이 기업 경영자에게는 불가결의 조건이 아닐까 생각한다.

그러한 상태를 필요로 하는 사람들은, 기업 경영자뿐만이 아니다. 기업의 일원으로서 활동하고 있는 사원, 기타 모든 이에게 직무 중 자율신경의 균형은, 업무의 효율을 올리고, 업무를 즐기기 위해서는 필요 불가결의 조건이다.

나는 2001년 9월 11일의 뉴욕 테러 사건 이후, 인류의 역사는 종교적 정신주의를 벗어나고, 마르크스주의적인 유물론에서도 벗어나, 인류가 지금까지 경험할 수 없었던 현실주의의 세계에 돌입하는 도상에 있다는 생각을 갖고 있다. 교감신경과 부교감신경이 같은 힘이 되어, 자율신경이 플러스 마이너스 제로가 됐을 때, 사람은 정신주의적인 긴장 상태를 벗어나고, 동시에 긴장 상태가 온통 결여된 쾌락주의의 상태에서도 벗어나 안정된 현실주의의 세계에 살 수 있게 된다. 그것이 자수용삼매自受用三昧의 내용이다. 그것이 인간 본래의 모습이며, 인간에게 가장 행복하고 가장 건강한 상태이다.

인류는 2001년 9월 11일 이후, 그러한 인간의 본래의 모습에 눈을 뜨기 시작하였다고 생각한다. 따라서 기업 경영에 있어서도, 경영자도 사원도 모든 종업원도 모두 같이 좌선 수행을 즐기며, 일상의 근무에 있어서도, 긴장

과 휴식이 함께 존재하는 자율신경의 균형 속에서, 자기
에게 주어진 천직으로서의 직장생활을 즐겨야 한다고 생
각한다.

3장

선과 현대인의 생활

1. 현대 사회

현대 사회는 지구촌 역사상 가장 발전된 사회이다. 그러나 과연 현재 우리들이 살고 있는 이 사회가 그 기나긴 역사 속에서 조금이라도 진보한 점이 있는가의 문제를 생각해 본다. 항공기가 지구 표면의 도처에 날아다니며, 인류가 일일생활권 안에서 발달된 문명을 누리며 자유롭게 살 수 있게 되었다는 점에서 몇 만 년 전 충분한 의류도 없이 어두운 동굴 속에서 추위에 떨며 살았던 시대에 비교해 본다면, 좋아진 것이 아닐까 하는 생각을 해 본다.

그러나 한편, 2001년 9월 11일 뉴욕의 세계무역센터가 폭파당하여, 무력과 아무 상관도 없는 선량한 시민 3천 명 이상의 생명을 앗아간 사건이나, 세계 곳곳에서 일어나는 아프가니스탄이나 이라크의 무력항쟁이 있고, 또 일부의 종교적 신념에 얼어붙은 사람들에 의한 중동과 기타 지역의 테러리즘의 실체를 생각해 보면, 과연 인류가 진보했다고 말할 수 있을지 큰 의문이 생긴다.

우리들의 일상생활을 되돌아 봐도, 자본주의 경제의 한가운데서 생활하고 있는 우리들로서는, 늘 정신없이 돌아가는 업무생활에 쫓겨 개인적인 여유시간이나 취미

생활을 거의 버리고 직업인으로서의 근무에 정진하지 않으면 사회적인 기능을 충분히 다하지 못하는 환경에 놓여 있다.

특히 최근에는 컴퓨터 등의 전력을 활용한 유능한 기기가 엄청나게 발달하고 있는 가운데, 기업 경영의 효율화가 급속히 발달하여 거대한 기업일수록 그 효율화의 은혜를 입을 가능성이 커지고 있다. 따라서 세계적으로 종래에는 상상도 할 수 없었던 규모의 기업 활동이 진전되어, 기업간의 처절한 생존경쟁은 상식의 범위를 훨씬 넘어서고 있다.

그 결과, 자본주의 사회에서 밑천을 만들려는 경영자도 근로자도, 그러한 경쟁 상태에 즉시 응하기 위해서는 지극히 혹독한 근무조건을 극복하지 않으면 안 된다. 아침부터 심야까지 긴 근무시간을, 자기 자신의 경쟁심에서 자발적으로 받아들여, 초인간적인 긴장 상태에서 헌신적인 노력을 연일연야 계속한다. 이것은 그야말로 경이적인 스트레스의 증대이며, 적지 않은 경우 심야에 걸친 음주나 기타의 해방감을 맛볼 시간을 필요로 한다. 그리고 그것은 당연히 피로의 누적을 각오해야만 하며, 다음 날 여지없이 자기 자신을 채찍질하며 가혹한 근무를 계속해야 한다.

이러한 사정을 제3자적인 관점에서 바라보면, 자신을

잃어버리고 타의에 종속된 상태처럼 보이기도 하여, 이것은 인류에게 대단한 불행이며, 우려해야 할 현상이라고 말하지 않을 수 없다. 그러나 사회는 그 실정을 알아채지도 못한 채, 그것을 발전이라는 이름으로 미화하는 측면이 있다. 물론 이것은 자본주의 사회에 근무하고 있는 사람들의 일상생활 중에 보이는 일부의 예이긴 하지만, 유사한 현상이 오늘날 우리 사회에 광범위하게 퍼져 있는 사실을 부정할 수도 없다. 그리고 이러한 상황이 더욱더 계속된다면, 대단히 무서운 상태에 도달할 위험성을 내포하고 있는 것이다.

2. 문제 해결의 가능성

앞서 얘기한 바와 같이 현대의 인류 사회에 있어서 야기되는 일련의 사태는, 지극히 위험한 내용을 포함하고 있다. 왜냐하면, 사회의 병리현상이 표면에 나타나지 않고, 지하활동 같은 형태로 잠행하는 성격이 보이기 때문이다. 더욱이 그 해결책이 있을까를 생각해 볼 때, 반드시 낙관적이지만은 않기 때문이다. 심리학·의학·사회학 등 각종 분야에서 검토되고, 국가적인 견지에서도 해결을 위한 노력을 하고 있으나, 사회생활의 동향이 서서히 해결의 방향을 향하여 진행하고 있다는 증후가 그리 명료하게 보인다고 볼 수 없다.

그러나 나는 불교 승려의 한 사람으로서, 이 문제를 해결 불가능한 과제로 보지는 않는다. 물론 문제의 근본원인으로 되돌아가, 근본적으로 해결하려고 한다면, 그것은 어쩌면 수백 년을 요할 난문제일 것이다. 그러나 단적으로 한 사람 한 사람, 그들의 일상생활 중에서 문제를 해결할 수 있는 방법은 있다고 생각한다. 나는 예로부터 불도 수행의 중심적인 과제가 되어 있는 좌선의 수행을 활용하는 것에 의하여, 문제의 해결이 가능하다는 견해를 갖고 있었다.

좌선이란 일정한 자세를 취하여 다리를 꼬고 두 손을 아랫배에 모으고 좌포坐蒲라 불리는 둥근 방석 위에 앉아, 허리뼈·등뼈·목뼈를 될 수 있는 대로 수직으로 세우고, 30분이나 45분 정도의 일정한 시간을 묵묵히 앉아 있는 수행법이다.

3. 좌선의 의미

　이러한 수행법이 왜 인간 생활에 있어서 의미가 있는
지의 과학적인 이유에 대해서는, 인류 역사가 20세기에
도달할 때까지는 거의 명확하지 않았다.

　그러나 20세기에 근대적인 심리학·생리학이 급속히
발달한 결과, 불도의 세계에 있어서 2천 수 백 년에 걸쳐
서 실행되어 온 좌선이라는 수행법에 관한 해명이 진전
됨에 따라, 우리들은 좌선이라는 수행법의 실체를 알게
되었고, 현대생활이 내포하고 있는 전술한 스트레스의
문제에 관해서도, 밝은 전망이 보이기 시작하였다고 생
각한다.

　그러면 좌선이라는 수행법이 갖고 있는 근대적인 심리
학·생리학적인 근거란 도대체 무엇인가? 그것은 단적으
로 말하면, 우리들의 체내에 내재하고 있는 자율신경이
라고 불리는 신경조직에, 두 개의 상반하는 신경 계통에
서 볼 수 있는 균형의 문제와 깊은 관계가 있다.

1) 자율신경

우리 인간의 체내에는 자율신경이라고 하는 신경조직이 있으며, 이 신경은 우리들이 보통 신경으로 취급하지 않고 있는 뇌 척추신경과는 달리, 인간의 의지로는 움직일 수 없는 신경이다. 그러나 우리의 의지로 움직일 수 없는 이 신경이, 우리 인간의 정신적인 측면에 있어서나 육체적인 측면에 있어서나, 대단히 중요한 활동을 하고 있는 것이다.

음식물을 입에 넣었을 경우, 그 음식물을 식도를 통하여 위로 운반하는 동작도 자율신경의 활동에 의한 것이며, 음식물이 위에 들어가면, 소화에 필요한 위액이나 기타 소화액을 분비하고, 위 근육을 움직여서 소화를 촉진시키고, 음식물을 다시 장으로 운반하여 에너지나 혈액을 생성시켜 체내에 순환시키는 것, 이 모두가 자율신경의 활동이다.

또 다른 예를 들면, 우리들이 많은 사람들 앞에서 이야기를 한다든가 운동경기를 한다든가 좋아하는 이성 앞에 있을 때 등의 경우에, 경험이 없는 사람에게는, 아무 이유도 없이 심장이 벌떡거리고, 아무리 본인이 심장에게 침착하라고 명령을 해도 들어주지 않는다. 이것도 자율신경의 활동에 관한 하나의 예이다. 이렇게 우리 일상생활

의 여러 장면에 있어서, 자율신경은 커다란 역할을 하고
있으나, 우리들이 이 사실을 의식하는 것은 의외로 드물
다.

2) 자율신경과 사상의 선택

그런데 이 자율신경은 단순히 육체적인 측면뿐만 아니
라, 우리들의 신경적인 측면, 즉 사상의 측면에 있어서도,
대단히 큰 영향을 끼치고 있다. 이 사고방식은 내가 아주
젊었을 적에 채택한 하나의 가설이며, 불교철학의 설명
에 즈음하여 과거 60여 년에 걸쳐 계속 사용해 온 사고방
식인데, 그 긴 세월 동안 한 번도 이 가설에 역행하는 사
실을 만나본 적이 없었으므로, 오늘날에는 나 스스로도
가설의 영역을 넘어 확신의 영역에 달한 정설로서 받아
들이고 있다.

자율신경은 상반하는 두 개의 영역으로 나누어진다.
하나는 교감신경이라 부르고, 또 하나는 부교감신경이라
부르고 있는데, 이 두 개의 신경은 서로 반대의 활동—이
를 길항拮抗 작용이라 한다—을 하는 성질을 갖고 있다.

교감신경이 센 경우에는, 사람은 긴장하는 경향이 있
으며 사고 활동이 활발하지만, 타인에 대하여 비판적이

며 경쟁심이 세고 공격적인 태도도 왕성하다. 그러나 한편 식욕이 충분하지 않거나 수면을 취하기 어려운 경향이 크고, 쾌락적인 측면에 흥미를 느끼기 어렵다.

여기에 반하여 부교감신경이 센 경우, 사람은 긴장이 결핍되는 경향을 보이고, 휴식을 선호하고 근로를 피하고, 쾌락에 빠지기를 좋아하고, 인생에 대한 도피적인 태도가 강해진다고 볼 수 있다.

3) 불교철학의 입장

말할 나위 없이, 석존께서 불교의 가르침을 수립하신 고대 인도 시대에, 자율신경의 존재가 알려졌던 것은 아니다. 그러나 석존께서는 인간 사회에 널리 행해지고 있는 두 개의 사고방식, 즉 고대 인도에 있어서 대단한 존경을 집중시킨 바라문교婆羅門教 같은 정신주의의 신앙에 다대한 의문을 품은 동시에, 석존이 생존한 시대에 왕성했던 육사외도六師外道라고 불리는 6인의 새로운 사상가들이 제창했던 유물론적인 사상에 대해서도 만족할 수 없었다.

그래서 석존은 고래로부터 인도에 존재하고 있는 요가(Yoga) 수행법의 모든 자세 중에서, 최고의 것으로 인식

되는 오늘의 좌선과 같은 자세를 선택하여, 그것을 열심히 수행하는 것에 의하여 오늘날의 불교철학에 도달하였다.

4) 좌선 수행

좌선 수행이란 도대체 어떤 것이냐 하는 문제에 들어가 보겠다.

좌선 수행이란 한마디로 하면, 다리를 꼬고 손을 아랫배 앞에 모아 자세를 바르고 단정하게 앉는 것이다. 그러면 좌선의 자세를 취하여 조용히 앉아 있는 것에, 왜 세간 일반에서 평가하는 가치가 있는가를 생각해 보면, 좌선 수행과 자율신경의 상태가 대단히 중요한 상관관계에 있다는 사실이 떠오른다.

단적으로 말하면, 좌선할 때에 사용하는 좌포라고 불리는 둥근 작은 방석 위에 앉아서, 허리뼈와 등뼈와 목뼈를 될 수 있는 대로 일직선이 되도록 수직으로 세우면, 처음에는 뭔가를 생각하거나 감각적인 외계의 자극에 신경이 쓰이지만, 차츰 사물을 생각하는 것으로부터 빠져 나와, 감각적인 자극도 신경이 쓰이지 않게 되어, 오로지 앉아 있는 상태만이 남는다. 물론 의식은 확실하지만 뭔가를 생각하거나 수면이 엄습해 오지 않는 상태가 있다. 이것이 자율신경이 균형 잡힌 상태이며, 불교철학이 주장하는 인간 본연의 상태 그것이다.

이 경우 어떤 일이 생기느냐 하면, 머릿속에서 문제를 생각하는 것으로 점령되었던 관념론의 세계가 소멸하고, 또 외계로부터의 자극에 좌우되었던 유물론의 세계도 소멸하여, 우리들이 바로 이 자리의 현실세계에 살고 있다는 사실을 실감하고, 행위의 세계를 발견한다.

이러한 형태로 사람들이 일상생활 속에서, 아침저녁으로 좌선 수행을 즐기고, 자율신경의 밸런스를 유지할 수 있게 된다면, 우리들 개인으로서의 생활도, 직장의 근무 상황도 점차 변화해 갈 것이다.

개인생활도 과거의 실수를 후회하거나 장래의 가능성을 미리 우려하는 태도를 떠나서, 주어진 현재의 순간에 전력 집중하게 되며, 일체의 문제를 구체적으로 자기 자신의 신체를 활동시키는 것에 의하여 해결해 가려는 태도가 생겨난다. 또 직장에 있어서도, 산적한 직무의 중압감으로 무기력한 상태에 빠지는 일 없이, 가장 긴급한 일부터 우선적으로 선택하여, 하나하나 처리해 나가는 지극히 실제적인 처리방법이 점차 확립되어 간다. 그리고 이전 같으면, 자기의 피로한 상태를 분명히 자각하면서, 굳이 스트레스의 누적에 도전해 나가는 태도로 집무를 계속해 왔지만, 자율신경이 균형 잡힌 상태로 집무를 계속하게 되면, 긴장된 집무 내용 중에서도, 일종의 휴식 같은 것이 존재한다는 것을 느낄 수 있다. 따라서 스트레스의 누적을 피하여, 능률이 올라간 반면, 보통 거기에 부수되는 피로감을 느끼지 않는다는 사실을 발견한다. 또 육체적으로도 일방적인 알코올의 힘을 빌려 무리한 해방감을 추구할 필요도 없어진다.

사물의 판단이 공정해지고 사리사욕에 눈멀어 자기 무덤을 스스로 파는 환경에 몰리는 일도 없어진다. 거기에는 의지할 단 하나의 기준으로서 대우주의 원칙이 있을 뿐이며, 자율신경의 밸런스 상태에서 생겨난 직관적인 판단에 따라서, 현재 순간에 있어서의 행위적인 인생을 즐기는 생활이 계속된다.

4. 금후의 세계

그러나 이러한 좌선 수행이 일반 사회에서 아무런 저항도 없이 환영받고 있는가 하면, 그것은 너무도 낙관적인 생각일 것이다. 왜냐하면 좌선 수행이 일반 사회에 있어서 실행되어 가기 위해서는, 우선 우리들의 사회에 있어서, 그 나름의 사상적인 전환을 필요로 하기 때문이다. 즉 좌선 수행이 일반 사회에서 실행되기 위해서는, 현재 일반 사회에서 행해지고 있는 유물론적인 가치관이 무너져서, 좌선의 실제적인 수행을 받아들일 수 있는 현실적인 세계관이 등장하지 않으면 안 된다.

개괄적으로 말하자면, 오늘날 세계의 주류가 되어 있는 문화의 역사를 되돌아보면, 고전적인 그리스·로마의 문화 이후에는, 극히 정신주의적인 종교에 의하여 질서 잡혀진 중세의 문화가 있었다. 그러나 그 후에 천동설에서 지동설로 전환하는 획기적인 세계관의 변동이 있었고, 과학적인 사고가 발달하여 유물론의 시대가 도래하였다. 그러나 인류는 이 세간의 모든 것을 자연과학적인 유물론에 의하여 설명하려는 경향이 정점에 달하였을 때, 그 흐름을 전면적으로 긍정하지는 않았다.

그리하여 20세기 이후, 인류는 중세적인 관념론도 아니고 근세적인 유물론도 아닌 중간적인 철학을 추구하고 있다고 볼 수 있다. 20세기 이후에 성행한 실존주의實存主義라든가 현상학現象學, 또는 프래그머티즘(Pragmatism) 등을 들추어 보면, 이들은 모두 20세기 이전에는 완전히 분열되어 있었던 관념론과 유물론을 융합하여, 하나의 새로운 철학을 수립하려고 했던 경향이 현저하였다고 생각한다.

나의 개인적인 감상을 말하면, 인류는 이미 철저한 관념론과 철저한 유물론의 시대를 경과하여, 20세기 이후로는 현실주의 시대에 돌입하고 있다고 생각한다. 그러나 서양의 이성과 감성을 기반으로 한 관념론과 유물론이 너무도 정치精緻하고 강력한 철학 체계이기 때문에, 그러한 이성과 감성에 기초를 둔 사고의 세계에서 빠져나와 현실의 세계, 행동의 세계에 돌입하여, 현실주의 철학을 형성하기에는 대단히 넘기 어려운 장벽이 있다.

이러한 시대에, 가령 세계의 진보적인 사람들이 고대 인도에서 발생하여 수 천 년에 걸쳐 인류문화의 일획에 간신히 존속하여 온, 상상도 할 수 없는 극히 이론적이며 실천적인 철학 내용에 눈떠, 그것을 이해하고 좌선의 실천을 통하여 세계에 보급해 간다면, 인류는 전혀 새로운 철학으로서의 현실주의를 기초로 한 황금시대를 맞이할 가능성이 충분히 있다고 믿어 의심치 않는다.

4장

좌선하는 방법

1. 좌선과 불도

좌선은 고대 인도에 있어서, 불교가 태어나기 이전부터 존재한 수행법이다. 따라서 불교와 관계가 없는 좌선—이를 외도선外道禪이라 한다—도 있을 수 있지만, 우리 불교도는, 불교와 관계가 없는 좌선에는 전혀 흥미가 없다. 우리들은, 좌선을 대성大聖 석존께서 설하신 가르침의 실천(佛道)으로서 하루하루 실행하는 것이며, 좌선을 통하여 석존과 일체가 되어, 석존께서 설하신 우주의 질서를 내 몸에 체현하는 데에서, 좌선의 의의를 찾아내는 것이다.

2. 불교란 무엇인가?

그러므로 우리들은 좌선하는 방법을 배우기 이전에 '불교란 무엇인가'라는 문제에 대하여 간단하게나마 언급할 필요가 있다.

이 '불교란 무엇인가'라는 문제는 예로부터 큰 문제이며, 이제껏 수많은 선인들이 이 문제의 해명을 위하여 수많은 책을 저술하여 왔다. 따라서 그 상세한 설명은 이 소책자가 감당할 것이 아니다. 그러나 그 개요를 제시하는 의미로, 여기서는 원시불교―석존께서 생존하셨던 시대 및 그에 준하는 시대의 불교―에 있어서 주장되어 전해진 중도中道, 사성제四聖諦, 십이인연十二因緣, 팔정도八正道의 네 가지에 관하여 그 요지를 개술하여 본다.

1) 중도

불교란, 일체의 선입관을 버리고 현실 세계에 투입하는 것을 가르친 종교이다. 따라서 그것은 우리가 살고 있는 우주나 우리들 자신을 정신이라든가 물질이라든가 하는, 걸림이 있는 견해에 의하여 분별하거나, 현실 세계와 엇갈린 그릇된 사고방식을 고집하는 유심론·유물론을 배척한 사상이다.

석존께서 태어난 시대에 대표적인 유심론으로는 예로부터 인도에 전승된 베다(Veda) 성전을 중심으로 한 바라문婆羅門의 가르침이 있다. 또 거기에 대항하는 혁신적인 사상으로서 6인의 사상가들인 육사외도六師外道라고 불리는 유물론이 있었다. 그러나 석존은 이 유심·유물의 양 극단의 논의가 옳지 않으며, 따라서 사람들을 행복하게 할 수 없다는 것을 간파하시어, 이들에 대신하는 진리로서 물심일여物心一如의 사상을 중심으로 하는 중도의 가르침을 설하셨다. 즉 석존은, 무엇인가에 걸림이 있는 선입관에 근거한 사고방식은 옳다고 볼 수 없다, 걸림이 있는 사고방식에 근거한 극단론에 올바른 것은 있을 수 없다는 것을 중도라는 말로 표현하여 주장하셨다.

2) 사성제: 고성제·집성제·멸성제·도성제

인간의 인생 편력은 우선 이상주의(苦聖諦), 다음에 물질주의(集聖諦), 다음에 이상주의 및 물질주의에 대한 절망(滅聖諦), 그리고 마지막으로, 이치를 따지지 않는 올바른 실천(道聖諦)이라는 과정에 이르게 되는데, 불교가 목표로 하는 점은, 이 이치를 따지지 않는 올바른 실천이며, 이 올바른 실천이야말로 궁극의 진리라는 사고방식에 사무쳐서 삶을 영위하는 것이다.

3) 십이인연: 무명·행·식·명색·육입·촉·수·애·취· 유·생·노사

동시에 불교는 지극히 합리주의적인 사상으로서, 이 세상의 일체는 일푼일리도 어김없는 인과관계에 의하여 모든 것이 속박되어 있다고 설한다. 그리고 그 인과관계의 연쇄로서, 아무 질서도 없는 무의식(無明)에서 행위 (行)가 생긴다. 행위의 결과, 의식(識)이 형성되고, 거기에 대응한 객관 세계(名色)가 성립하면, 그것을 감수하는 여섯 개의 감각기관(六入), 즉 눈·귀·코·혀·피부 감각·감각 중추가 기능을 발휘한다. 그 결과, 접촉(觸)이 있으면 감수(受)가 있고 애착(愛)이 생긴다. 그리고 애착은 취득 (取)이라는 행위를 촉진시키고, 취득은 소유(有)라는 결과를 낳는다. 이 소유라는 상태는, 사람에게 생존(生)이라는 실감을 주고, 생존은 얼마 안 있어 노쇠나 죽음(老死)에 연결된다고 설한다.

이것이 불교가 주장하는 인과론의 골자인데, 이러한 주장에 미루어 살펴본다면 불교는 유물론적인 결정론·숙명론이 아닐까 하는 오해를 받기 쉽다. 그러나 이 십이인연은, 단순히 물질적인 것만의 연쇄가 아니라, 물질적인 요소와 정신적인 요소가 상호 의존관계에 있으며, 그런 점에서 유물론과는 입장을 달리한 별개의 사고방식이다.

4) 팔정도: 정견·정사·정어·정업·정명·정정진·정념·정정

십이인연의 사상에 따르면, 우리가 일푼일리도 어김없는 인과관계의 연쇄에 속박되어 있더라도, 그 속박의 연쇄를 끊고 우리들에게 자유를 부여하는 것, 그것은 현재의 순간에 있어서 발현하는 우리들의 행위 이외에는 있을 수 없다. 그리고 그 행위를 구체적으로 표현한 것이 올바른 사고방식(正見), 올바른 사유(正思), 올바른 말(正語), 올바른 행위(正業), 올바른 생활수단(正命), 올바른 노력(正精進), 올바른 심리 상태(正念), 올바른 신체 상태(正定)의 팔정도이다.

이들 팔정도를 실천하는 것에 의하여, 사람은 인과관

계에 의한 속박의 한가운데에 있으면서도, 비로소 자유를 누릴 수 있고 행복을 획득할 수가 있다.

  그러나 항상 약하고 잘못을 저지르기 쉬운 우리들 인간이, 도대체 어떻게 이 팔정도를 실천할 수 있을까? 이 문제에 대하여 명쾌하고 구체적인 해답을 주는 것이 바로 좌선이다. 석존께서는 하루하루 좌선을 실천하는 것에 의하여, 어떠한 생각도 하지 않고, 어떠한 감수感受에도 의존하지 않고, 사람은 즉각 진리의 대해大海에 몰입하여 우주의 질서와 일체가 될 수 있다고 설하셨다. 즉, 좌선이야말로 석존의 가르침의 원점이다. 좌선은 석존의 출발점이자 그 궁극의 목표이기도 하다.

3. 좌선의 체험 내용

그러면, 좌선에 의하여, 우리들은 도대체 어떤 체험을 하는 것일까?

1) 심리적인 측면

(1) 석존과의 합일

좌선은, 2천 수백 년 전에 석존께서 실천하신 것과 똑같은 행위를 내 몸에 구현하는 것이다. 그리고 그것에 의하여 우리들은 석존과 완전히 동일한 심경을 체험하며, 석존과 완전히 동일한 생리현상에 내 몸을 둔다. 그것은, 대성 석존과 자기 자신이 좌선을 통하여 서로 만나는 것이며, 스스로 석존과 완전히 하나가 되는 것이다.

(2) 자기 자신의 파악

좌선은, 석존과의 합일임과 동시에, 자기 자신의 파악

이기도 하다. 좌선에서 의식되는 것은, 우주의 한가운데에서 그냥 묵묵히 앉아 있는 자기 자신이다. 고대 그리스의 델포이 신전에는 '너 자신을 알라'라는 표어가 걸려 있다고 한다. 그러나 자기 자신이라는 것은, '자기란 무엇인가', '자기 자신이란 무엇인가'라고 하듯이, 추상적으로 자문자답해 봐도 결코 파악할 수 있는 것이 아니다. 그것은 자기 자신을 지금 현재 존재할 수 있게 하는 우주 질서의 한가운데에 안좌하고, 자기 자신이 자기 자신으로서의 행위에 깊이 몰두했을 때에 비로소 마음을 통하여 직접 감득感得되는 것이다. 따라서 좌선은, 철두철미한 자기 자신의 추구이다. 자기 자신을 파악하기 위한 제일보이며, 동시에 자기 자신을 파악한 궁극의 모습이다.

(3) 평범한 심경

좌선은, 자기가 자기 자신으로 돌아가는 행위이다. 따라서 그것은 결코 특이한 심경이 아니다. 그것은 그냥 평범한 우리들의 평상의 마음이다. 불교에서는 예로부터 '평상의 심경이야말로 진리 그 자체이다(平常心是道)'라는 말이 있는데, 이 평상심이야말로 좌선에서 체험되는 심경이다.

그것은 단순히 긴장이라는 표현도 맞지 않고, 단순히

평안이라는 표현도 맞지 않다. 그것은 긴장과 평안의 중간적인 상태, 긴장과 평안의 공존이라고 할 수 있을지 모른다.

좌선을 설하는 불교의 일파에서는 좌선의 체험 내용을 불가사의한 것, 신비적인 것으로 설명하여, 일반인들이 용이하게 접근할 수 없는 것으로 과대 선전하는 경향도 있는데, 이들은 불교가 무엇인지를 모르는 불교의 파괴자이니, 우리들은 이들의 언설에 끌리지 않도록 충분히 경계할 필요가 있다.

(4) 우주 질서에의 몰입

또 좌선은 행위의 몰입이다. 따라서 의식은 명명백백하게 있으면서, 행위하는 자기 자신과 그것을 포용하는 우주의 질서를 의식하는 것뿐이지, 특별한 생각을 한다든가 특정한 감수에 의식을 집중시킨다든가 하는 것이 목적이 아니다. 그것은 '우주의 일체는 말로 표현할 수 없는 것(五蘊皆空)'이라는 것을 자기 자신의 육체 및 정신을 소재로 하여 실감하는 것이며, 유심론이라든가 유물론이라든가 하는 일체의 선입관에서 벗어나는 것이다.

그것은 우주를 지배하고 있는 질서(법)에 몰입하여, 우주에 충만하고 있는 리듬에 내 심신의 파장波長을 맞추는 것이다.

2) 생리적인 측면

(1) 정신단좌正身端坐

좌선은, 다리를 틀고 손을 모아서 허리뼈·등뼈·목뼈를 수직으로 세우는 것이다. 그것은 전신의 골격·일체 근육을, 각각 있어야 할 곳에 위치시켜, 몸 전체를 더욱 건강하고 바른 상태로 유지하는 것이다. 그리고 이 측면에서 보았을 경우, 좌선은 가장 정지적인 체육이다.

(2) 간뇌의 조정

일체의 골격 및 근육이 올바른 상태에 놓임에 따라 뇌세포, 특히 체온·정서·물질대사·성·위장·수면 등에 관한 조정 기능을 맡고 있는 간뇌間腦(視床下部)가 가장 올바른 상태에 놓인다.

(3) 자율신경의 정상화

간뇌가 정상적인 상태에 놓임에 따라 자율신경, 즉 교감신경과 부교감신경과의 길항拮抗이 정상화되어 강화된다.

(4) 전신 기능의 정상화

자율신경이 정상화됨에 따라, 혈액 순환·호르몬의 분비·위장 기능·배설 기능 등 자율신경에 의하여 조정되고 있는 전신의 기능이 가장 건강한 상태로 유지된다.

이렇게 몸 전체가 정상화하는 방향으로 향하는 것은, 종래의 불건전했던 신체의 부분이 정상적인 상태로 수정되는 것을 의미하며, 그 신체 내의 변화와 함께 일시적으로 어깨가 아프다든가 신체의 어떤 부분이 아플 수도 있다. 그러나 이와 같은 현상은 몸이 정상적인 방향을 향하여 변화하고 있다는 증거이므로 결코 두려워할 필요가 없다. 나아가 오히려 몸이 정상적인 방향으로 변화하고 있다는 사실을 즐기며 더욱더 좌선에 정진할 필요가 있다.

4. 좌선 실수에 필요한 것

1) 운신에 필요한 공간

좌선을 하기 위해서는, 우선 한 사람이 운신運身할 수 있을 정도의 공간이 필요하다. 즉, 좌선을 하기 위해서는 별로 넓은 공간은 필요 없다는 것이며, 일인당 돗짚요 반 정도의 공간만 있으면 충분하다.

좌선을 하기에 적합한 환경을, 도원道元(1200~1253) 선사의 저서 『정법안장正法眼藏』「좌선의坐禪儀」에서 발췌해 보면, 다음과 같다.

① 조용한 곳(靜處)이 좋다.(그러나 조용한 곳이 바람직하다는 정도이니, 그리 신경 쓸 필요는 없다.)

② 바람이 불어 오거나 연기가 들어오지 않는 곳이 좋다.

③ 어둡지 않은 곳이 좋다.(어두운 곳이나 야간에는 적당히 조명을 하는 것이 좋다.)

④ 겨울에는 따뜻하고 여름에는 시원한 곳이 좋다.(겨울이나 추울 때는 적당히 난방을 한다.)

2) 좌포

좌포坐蒲란, 좌선 전용의 둥근 방석이다. 직경 36cm, 둘레 약 113cm의 원형이 방석이며, 모양은 서양의 쿠션과 비슷하다. 다만, 속에는 팡냐(paniala, silk cotton tree)라 부르는 열대성 식물의 목면木棉을 충분히 채워 넣어, 사람이 그 위에 앉았을 때도, 10~20cm 정도의 높이를 유지할 수 있는 것을 말한다.

그러나 좌선을 할 경우, 좌포가 반드시 필요한 것은 아니다. 만약에 좌포가 없다면 보통 방석을 접거나 담요를 개어 좌포 대신 사용하는 등 있는 것을 활용하면 된다.

36cm

좌포

3) 좌물

　다다밋방이라면, 다른 좌물坐物(깔개)을 사용하지 않아도 좌포를 직접 돗짚요 위에 놓고 앉을 수가 있다. 그러나 마루방일 경우라면, 방석이나 담요 등을 적당히 깔아 다리가 아프지 않게 할 필요가 있다.

　다다밋방에서도 비교적 큰 방석을 깔고 다시 그 위에 좌포를 사용하는 경우도 있는데, 그렇게 해도 물론 상관 없다.

5. 앉는 방법

1) 좌포의 사용법

좌포는 그 전반 부분을 이용하여 그 위에 엉덩이를 위치한다. 따라서 좌포의 후반 부분은 비어 있는 상태가 된다.

2) 앉는 방법

앉는 방법에는 두 가지가 있는데, 하나를 반가부좌半跏跌坐라 하고, 또 하나를 결가부좌結跏跌坐라 한다. 여기서 부跌라는 글자는 발등이라는 의미이며, 가부좌란, 발등을 반대쪽의 넓적다리 위에 올려 놓고 앉는 방법을 말한다.

(1) 반가부좌

우선 엉덩이를 좌포의 전반부에 올려 놓고, 좌우 어느 한쪽의 다리를 접어서, 정강이의 바깥쪽을 방석에 붙이고 발을 반대쪽의 넓적다리 밑에 붙인다.

다음에 반대쪽의 다리를 접어서, 발을 반대쪽 손으로 잡고, 먼저 접은 다리의 넓적다리 위에, 발등이 넓적다리에 밀착하도록 올려 놓는다.

발등을 넓적다리 위에 올려 놓을 때는 발이 반대쪽 넓적다리의 바깥쪽에 접근하며, 몸에 될 수 있는 한 근접하도록 과감히 깊숙이 올려 놓는 것이 좋다.

이렇게 함으로써 양 무릎과 무릎을 정점으로 하는 이등변 삼각형이 형성되고, 신체는 그 삼각형을 기반으로 해서, 그 위에 올려진 모양이 된다.

왼쪽 다리가 위에 있는 것을 항마좌降魔坐라 하고, 오른쪽 다리가 위에 있는 것을 길상좌吉祥坐라 한다.

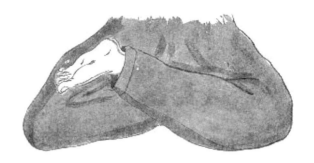

반가부좌(항마좌 그림)

반가부좌(길상좌 그림)

(2) 결가부좌

반가부좌와 같이, 한쪽 다리를 다른 쪽 넓적다리 위에 올려 놓는다. 다음에 방금 올려 놓은 다리와 반대쪽의 발을 그 반대쪽의 손으로 잡고 다른 다리의 넓적다리 위에 들어올린다. 다리를 들어올릴 때에는, 먼저 올려놓은 다리가 미끄러져 떨어지지 않도록 한쪽 손으로 눌러 놓으면 좋다. 이 때도 양쪽 다리를 과감히 깊이 트는 편이 좌상坐相이 좋아지며, 적당한 긴장감도 생겨 좌선을 오래 계속할 수 있다.

결가부좌의 결結이라는 글자는 완결의 의미로, 양 다리를 교차하는 것을 가리킨다. 이 방법은 초심자에게는 심히 부자연스럽고 고통스러운 방법처럼 보일지 모르나, 조금 익숙해지면 지극히 자연스럽고 기분이 좋은 방법인 것을 알게 된다. 그러나 익숙하지 않을 때는 반가부좌도 상관없으며, 반가부좌를 때로는 왼쪽 다리, 때로는 오른쪽 다리로 바꿔 앉으면, 저절로 다리가 익숙해져, 간단히 결가부좌를 할 수 있게 된다.

오른쪽 다리가 밑에 깔리고 왼쪽 다리가 위에 놓이는 좌법을 항마좌라 하고, 그 반대를 길상좌라 하는 점은, 반가부좌의 경우와 마찬가지이다.

다리를 교차하는 방법(1)

다리를 교차하는 방법(2)

결가부좌(항마좌)

결가부좌(길상좌)

(3) 손을 모으는 방법

좌선에서 손을 모으는 방법은 주로 법계정인法界定印으로 한다. 반가부좌의 경우나 결가부좌의 경우나 동일한데, 교차한 다리 중에서 위에 놓인 다리 위에, 그 다리의 반대쪽 손을, 손바닥을 위로 하여 놓는다.

다음에 그 손 위에, 다른 쪽 손을 역시 손바닥을 위로 하여 겹친다. 다음에 양손의 엄지손가락을 붙여서, 양쪽 손바닥과 엄지손가락을 붙인 상태가 납작한 타원형이 되도록 한다.

그리고 붙인 엄지손가락이 배꼽 앞에 오도록 한다. 팔꿈치는 몸에서 약간 떨어지게 하고, 양 어깨와 양 팔꿈치와 손이 동일 평면이 되도록 하고, 어깨는 힘을 빼고 자연스럽게 유지한다.

법계정인

결가부좌(앞면)

(4) 자세를 조절하는 방법

다리를 틀고 손을 적절한 모양으로 모으고 나면, 다음
에는 허리뼈를 수직으로 세운다. 정신이 정돈되지 않으
면 허리뼈가 기울기 쉬우므로, 좌선할 때에는 허리뼈를
앞으로 쑥 밀어서 수직으로 세운다. 따라서 엉덩이가 뒤
로 빠진 상태가 되어, 양쪽 넓적다리도 적당히 긴장되어
안정된 모양이 된다.

다음에 수직으로 세워진 허리뼈 위에 등뼈를 수직으로
세운다.

그리고 수직으로 세워진 등뼈 위에 목뼈를 수직으로

세운다. 목뼈를 수직으로 세우려면, 턱을 가슴 쪽으로 당기고, 머리 꼭대기의 뒷부분으로 천장을 찌르듯이 목의 근육을 쭉 편다. 목의 근육을 펴지 않고 턱만을 당기면 침샘을 압박하여, 침이 지나치게 많이 분비되는 경우가 있다. 그러나 침이 많이 분비되는 것은 그리 신경을 쓰지 않아도 된다.

내장도 힘을 빼고 밑으로 뚝 떨어뜨린다.

허리뼈·등뼈·목뼈가 전후좌우로 기울면 안 된다. 따라서 양쪽의 귀와 양쪽의 어깨가 서로 마주 대하고 있는지, 코와 배꼽이 서로 마주 대하고 있는지를 점검한다.

이 머리뼈·등뼈·목뼈를 세우는 것이 좌선의 안목眼目이다. 가령 좌선을 해도, 이 허리뼈·등뼈·목뼈가 수직으로 세워지지 않으면 평정한 심신(三昧境)을 얻을 수 없다.

(5) 입과 혀와 호흡

입은 자연스럽게 다물고, 혀는 입천장에 붙이고, 이와 입술은 서로 딱 붙도록 하고, 호흡은 코로 한다.

(6) 눈

눈은 자연스럽게 뜬다. 일부에서는 눈을 반쯤 감으라

고 하는 이도 있으나, 이는 옳지 않다. 실제로 해 보면 곧 알 수 있듯이, 눈을 감거나 가늘게 뜬 상태에서는 평정한 심신이 되기 어렵다. 도원 선사는,『정법안장』「좌선의」 에서, 눈 뜨는 법을 부장불미不張不微라는 말로 표현하였 는데, 이처럼 눈을 '크게 뜨지도 않고 가늘게 뜨지도 않 은' 상태야말로 올바른 눈의 상태이다.

시선은 허리뼈·등뼈·목뼈를 수직으로 세우고 턱을 당긴 상태로 자연히 떨어지는 곳에 둔다.

(7) 좌선의 시작

다리를 틀고 손을 모으고 자세를 정돈했으면, 크게 숨 을 들이 쉬고, 조용히 숨을 내쉬고, 등뼈를 좌우로 두세 번 흔들어 보고 중앙에 안주시켜 평정한 상태에 들어간 다.

많은 사람들이 모여서 좌선을 할 때에는 종 같은 것을 써서 좌선 시작 신호를 한다. 보통 세 번 종을 친다.

일부에서는 좌선 중에 복식 호흡을 한다거나, 수식관 이라 하여 자기 호흡을 센다든가, 공안이라 하여 불교계 의 여러 선배에 관한 설화話頭(公案이라고도 한다.)를 들어 그 내용을 이리저리 궁리하는 이들도 있으나, 이는 좌선 의 본질이 무엇인지 제대로 이해하지 못한 것이다.

(8) 좌선의 종료

좌선을 끝낼 때는, 조용히 침착한 태도로 끝내야 하며, 거칠게 일어나서는 안 된다. 만약 다리가 저리면 천천히 회복시킨 뒤 일어나면 된다.

좌선의 종료를 알릴 때에는 종을 한 번 친다.

6. 경행하는 방법

　좌선이 오래 계속되어 다리가 저리거나 졸음이 와서 난감할 때는 경행經行을 한다. 경행이란, 손을 차수叉手하여 가슴에 대고 좌선하는 장소의 주변을 조용히 걷는 것을 말한다.

1) 차수하는 방법

　왼손은 엄지손가락을 손바닥 속에 접고 주먹을 쥐어, 그 주먹의 손등을 위로 하여, 팔이 수평이 되도록 가슴 중앙에 댄다.
　다음에 오른손으로 가볍게 왼손 등을 덮는다. 양쪽 팔꿈치는 약간 세우고 양쪽 팔을 수평으로 해서 일직선으로 유지하며 어깨의 힘을 뺀다.

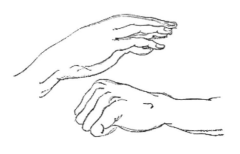

차수하는 방법(1)

차수하는 방법(2)

2) 발을 내딛는 방법

우선 자기의 좌선자리에 향한 후, 90도 오른쪽으로 방향을 돌려, 다리는 반드시 오른발부터 내딛는다, 보폭은 발 길이의 반으로 하고, 한 호흡 사이에 한 발씩 나아간다. 따라서 극히 완만한 보행이며, 옆에서 보면 앞으로 나아가고 있는지 아닌지 확실히 모를 정도로 걷는다.

걷는 방향은 똑바로 직진을 하는데, 장해물에 닿으면 90도로 방향을 바꿔, 역시 오른발부터 내딛는다.

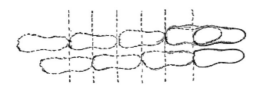

발을 내딛는 방법

3) 경행의 자세

자세는, 좌선의 경우와 같이, 허리뼈·등뼈·목뼈를 수직으로 세워서, 턱을 내밀지 않도록 한다.

경행의 자세

4) 시선의 처리

눈은, 좌선할 때와 같이 목뼈를 펴고 턱을 당긴 상태에서, 시선이 자연히 떨어지는 장소에 떨어뜨린다.

5) 경행의 시작 및 종료

좌선을 일시 중단하고 경행을 시작할 때의 신호로 종을 두 번 친다.

또 경행을 그만두고, 각자 좌선자리에 돌아갈 때는, 종을 한 번 친다.

이 신호를 들으며, 각자는 보통 발걸음으로 앞사람을 따라 한 번 돌아서, 자기 자리로 돌아간다. 또 용변 볼 사람은 용변을 보러 간다. 각자가 자기 자리에 돌아가면 종을 세 번 쳐서 좌선을 시작한다.

7. 좌선에 관한 두세 가지 주의 사항

1) 좌선하는 것 그 자체가 깨달음이다

좌선을 깨달음에 도달하기 위한 수단으로 생각하여, 좌선하는 것 그 자체가 깨달음이라는 것을 모르는 이들이 있다. 그러나 이것은 옳지 않다. 우리들은 좌선을 시작한 순간부터, 석존과 같은 경지에 안주하는 것이며, 그 점에 관한 한 초심자와 숙련자와의 본질적인 차이는 없다. 도원 선사가 『정법안장』「판도화辨道話」에서, "초심자가 처음으로 하는 좌선 수행이 그대로 본래의 깨달음의 전체이다."라고 한 것은, 이러한 뜻이다.

사람은 현재 좌선하고 있는 자기자신에게, 절대의 자신을 가져야 한다. 1초를 앉으면 1초의 부처님이다.

2) 망상을 걱정하지 말라

좌선의 본질은 생각하는 것이 아니므로, 행위에 몰입해서 상념을 지워 버릴 필요가 있다. 그러나 초심자의 경

우, 어느 틈에 망상을 좇고 있는 자기를 발견하는 경우가
많다. 그러나 이것에 신경을 쓸 필요는 없다. 망상을 하는
자기를 발견하면 즉시 그만두면 된다. 도원 선사는『보권
좌선의普勸坐禪儀』에서 "망념이 일어나면 곧바로 알아채
라. 알아채면 곧바로 망념은 없어지게 된다.(念起卽覺 覺之
卽失)"고 하였다.

　좌선 중에 끓어오르는 상념은, 그때까지 무의식적인
억압이 풀려 의식으로 드러나게 되는 표상들이다. 그것
은 우리의 무의식의 세계에 있어서 부자연한 상태를 해
방시키는 데 좋은 역할을 한다. 하지만 그렇다고 해서 의
식적으로 망상을 좇아가는 것은 좌선의 본질이 아님은
말할 나위도 없다.

3) 좌선은 고행이 아니다

　좌선을 고행처럼 생각하여 수면 시간을 전혀 무시하거
나 식사를 극단적으로 제한하여 육체를 괴롭히며, 좌선
생활을 하는 중에 무엇인가 큰 의의를 찾으려는 이들이
있다.

　그러나 이러한 방식은 좌선의 진정한 의미를 찾지 못
하고 좌선에 대한 순수한 신앙을 잃어버린 시대 이후에

생겨난, 인기를 끌기 위한 악습으로서, 결코 좌선의 본질을 이해한 태도가 아니다.

불교는 결코 고행주의가 아니다. 고행은, 이미 석존께서 진리에의 길이 아니라고 철저히 파악하시고 내던져 버리신 것이다.

도원 선사가 좌선 생활을 보내는 데에 있어서의 마음가짐으로서, '음식은 절도 있게(飲湌節矣)'(『보권좌선의』), '겨울에는 따뜻하게 여름에는 시원하게(冬暖夏凉)'(『정법안장』「좌선의」)라고 한 것을 상기해야 한다.

4) 좌선도 역시 타력

정토계淨土系의 사상가는 염불念佛은 타력他力의 수행이지만 좌선은 자력自力의 수행이라고 한다. 그러나 이 사고방식은 좌선의 본질에 대한 오해를 내포하고 있다. 대체로 종교에는 자력이라는 것은 있을 수 없다.

정치 · 경제 · 철학 · 과학 · 예술… 기타 이 세간의 그 무엇에게서도 절대의 권위와 의의를 찾을 수 없고, 출중한 안목을 갖춘 학인이 마지막으로 남겨진 유일한 근거로서 추구하는 것이 좌선이다.

따라서 좌선하는 사람의 심경은, 좌선에 의한 깨달음

같은 그만한 심경이 아니다. 좌선에 의지하는 길 이외에, 진실을 찾을 길은 없다는 절체절명의 생각에 부딪쳐, 무릎 꿇고 사정하는 마음으로 추구하는 것, 그것이 좌선이다. 위안이다. 구원이다.

8. 좌선과 일상생활

1) 좌선은 매일 하라

좌선은 매일 하지 않으면 의미가 없다. 세간에는 좌선회坐禪會 또는 섭심攝心이라 하여 10일이나 20일 집중적으로 좌선에 정진하는 모임이 있다. 물론 이들 모임도 좌선하는 방법을 배우고 좌선 체험을 철저히 하는 점에서는 의미가 있다. 그러나 좌선의 진정한 의미는 매일 빠지지 않고 하는 데에서 비로소 생긴다.

밤에 자기 전에 앉는다. 그 취침 전의 좌선이, 기분 좋은 수면의 조정수단이 된다. 기분 좋은 수면이 다음 날 상쾌한 기상을 이끈다. 상쾌한 기상을 맞이하면 세면 후 즉시 좌선을 한다. 그리고 이 좌선에 의하여 하루를 불교도로서 지낼 수 있는 심신상태가 조성된다.

또 일요일이나 공휴일은 물론 그 밖의 시간에도 좌선할 여유가 있다면, 이를 적극적으로 활용할 일이다. 가정주부들처럼 기상 후나 취침 전의 좌선이 어려운 경우에는, 가족을 내보내고 나서, 집안일의 여가를 찾아서 혼자 조용히 앉으면 좋다.

이러한 생활이 불교도의 생활이며, 이 이외에 불교도의 생활 기준은 있을 수 없다. 이러한 생활의 축적이 불교도의 일생이며 불도佛道의 전부이다. 좌선을 위한 시간은, 여러 가지 일상생활에 제약되기 때문에, 때로는 5분, 10분밖에 앉을 수 없는 경우도 있을 것이다. 그러나 비록 시간은 짧아도, 좌선을 한 것의 의미는, 안 한 것과 비교하면, 그 가치가 무한대이다. 좌선에 의하여 석존과 같은 심신의 리듬을 자기 심신에 침투시키는 것, 이것이 불교도에게는 최대의 수행이며, 무엇과도 바꿀 수 없는 최고의 가치이다.

또한 도원 선사는, 좌선에 의한 수행생활의 지침을 정한 『판도법辦道法』에서, 저녁 이후(오후 7~9시)의 좌선, 새벽(오전 3~5시)의 좌선, 아침식사 후(오전 9~11시)의 좌선, 점심식사 후(오후 3~5시)의 좌선이라는 네 번의 좌선을 설했는데, 수행처에서는 가능한 한 이것을 따라야 할 것이다.

2) 좌선 이외의 것을 중요시하지 말라

좌선에 관심을 가질 정도의 사람은, 이른바 양심적인 사람이 많고, 일상생활에 있어서 '이런 짓을 해도 될까',

'이런 짓을 저질렀는데 나쁘지 않을까' 하고, 사물의 시비선악을 따지는 데 정신이 쓰여 고민하기가 일쑤이다. 그러나 이러한 태도는 좌선생활을 하는 자의 태도가 아니다.

도원 선사는 좌선 생활의 마음가짐으로서, "선악을 생각하지 말고 시비를 관계하지 말라."(『보권좌선의』)고 하였다. 즉 모든 것을 좌선에 맡기고, 계율 문제조차도 염두에 두지 않는 것이 좌선 생활을 하는 자의 태도이다. 좌선만 하고 있으면 나쁜 짓 같은 것은 알 리가 없으며, 가령 상식적인 입장에서는 나쁜 짓이라고 생각되는 행위라도, 불교적인 입장에서 보면 진리에 도달하기 위하여 건너야 할 과정이며 결코 나쁜 짓이 될 수 없다는 신념을 가질 필요가 있다.

또 『정법안장』은 도처에, 도원 선사의 스승인 천동여정(天童如淨, 1163~1228) 선사의 "좌선은 심신탈락心身脫落이다. 오로지 좌선을 하여야 비로소 얻을 수 있다. 분향焚香 · 예배禮拜 · 염불念佛 · 수참修懺 · 간경看經은 필요치 않다."(『정법안장』「삼매왕삼매三昧王三昧」)는 말을 인용하고 있지만, 오로지 좌선만 하면, 향을 피우는 것도 예배를 하는 것도 염불을 하는 것도 참회를 하는 것도 경전을 읽는 것도 전혀 필요 없다.

그러나 일반적으로는 이러한 제이차적인 것은 열심히

하지만 가장 중요한 좌선 그 자체를 소홀히하여 좀처럼 실천하지 않는 사람들이 너무도 많다. 이것은 그야말로 본말전도本末顚倒이니, 이러한 오류에 떨어지지 않도록 충분히 주의할 필요가 있다.

3) 좌선생활에 있어서의 기타의 요점

① 기상 후 즉시 세면하고 이를 닦을 것(『정법안장』「삼매왕삼매」)
② 식사는 침착하게 하고(『부죽반법赴粥飯法』), 건강유지에 적합한 양을 취할 것(『보권좌선의』)
③ 목욕에 유의하고 의복을 항상 청결히 할 것.(『정법안장』「세면洗面」)
④ 머리를 길게 기르거나 수염을 기르지 말 것.(『정법안장』「세정洗淨」)
⑤ 손톱을 짧게 자를 것.(『정법안장』「세정」)
⑥ 잘 때는 오른쪽 옆구리를 밑으로 하고 잘 것. 엎드려 자거나 양 무릎을 세우고 자지 말 것.(『판도법』)

4) 직업 수행이야말로 불도 수행의 무대

우리가 아무리 좌선을 열심히 해도 24시간 계속 앉아 있을 수는 없다. 식사 시간도 필요하고 용변 시간도 필요하고 취침 시간도 필요하다. 또 24시간 중에 그 3분의 2 정도의 시간은, 의식주를 해결하기 위한 자금을 얻기 위하여 생계 활동에 쓰게 되는 것이 보통이다. 따라서 우리들의 불도 수행 과정에서, 이 생계 활동의 현장이야말로 불도 수행의 중요한 무대이다.

또한 가정주부에게는 가사가, 학생에게는 학업이, 일반인의 생계 활동과 같은 의미에서 불도 생활의 무대가 된다는 것을 잊어서는 안 된다.

9. 맺는 말

불교를 논하고 불교를 사랑하는 사람의 수는 결코 적지 않다. 그러나 좌선을 사랑하고 좌선을 실행하는 사람의 수는, 지금으로서는 지극히 적다. 좌선은, 해 보면 알겠지만, 처음에는 다리가 다소 아프거나 망상이 일어나서 난처할 정도의 장해는 있을지라도, 그리 어려운 것도 아니고 그리 고통스러운 것도 아니다.

그런데 그다지 어렵지도 않고 그다지 고통스럽지도 않은 좌선을, 사람들은 왜 하려 하지 않는가? 이 물음에 대한 답은 간단하다.

사람들은 상식적인 세계에 안주하며 불도의 세계에 들어가는 것을 싫어한다. 유심론이나 유물론 같은 상식적인 삶에 의존하는 것은 비교적 용이하지만, 이들 상식적인 입장과는 다른, 행위를 중심으로 한 전혀 새로운 삶에 들어가는 것에, 사람들은 불안을 느끼고 두려움을 느껴 망설이는 것이다. 그것은, 무엇인가 새로운 스포츠를 시작하려는 사람이, 할까 말까 하고 꽤 오랜 기간에 걸쳐 머뭇거리고 주춤거리는 것과 비슷하다.

책상 앞에 앉아서 생각하는 것은, 그리 큰 결단을 요하는 일이 아니다. 외계의 사물을 객관적으로 바라보는 방관자의 태도를 취하는 것도, 반드시 어려운 것만은 아니다. 그러나 자기 자신이 주역이 되어 행위의 세계로 한 걸음 내딛는 것은 상당히 큰 심리적인 저항과 함께 육체적인 불안을 느끼게 된다. 불교에서는 예로부터 이러한 사정을 '백척간두진일보百尺竿頭進一步'라는 말로 표현하고 있다.

사람은, 누구든지 그것을 의식하느냐 안 하느냐에 관계 없이, 현실 세계에 있어서 백 척이나 되는 높은 장대의 꼭대기에 서 있는 것과 같은 상태에 놓여 있다. 그래서 행위의 세계로 발을 내딛는 것은, 이 백 척의 장대 위에서 큰맘 먹고 한 발짝 내딛는 것이다. 결과가 과연 좋을지 나쁠지 본인은 알 턱이 없다. 다만 눈 딱 감고 용기를 내어 한 걸음 내딛는 것, 이것이 불도에 대한 신앙의 제일보이다.

따라서 좌선을 시작한다는 것은, 처음으로 실제로 불도를 믿는 것이며, 동시에 불도를 실천하는 것이다. 그러므로 이런 의미에서, 좌선의 실수實修가 없는 곳에 불도에 대한 신앙은 있을 수 없다. 그리고 불도의 실천도 있을 수 없다. 좌선이야말로 불도의 최초이며 최후이다.

이러한 입장에서, 우리들은 한 사람이라도 더 많은 사람이 자기 집 자기 방에서, 날마다 남몰래 좌선을 즐기게 되기를 열망한다. 그리고 그러한 실제적인 사실만을 가리켜, 비로소 불도의 흥륭이라고 할 수 있다. 물론, 철학적으로 불도란 무엇인가라는 것을 탐구하여 불도에 있어서의 좌선의 의미를 해명하는 것도 중요하다. 그러나 좌선의 실수 없이 행해지는 불교철학의 탐구는 어차피 그림 속의 떡일 뿐이다. 그것은 현실에 의지할 실체를 갖지 못하는 이의 망설임이며 너무도 허무한 일이다. 따라서 우리들은, 불교나 불도에 관심을 갖는 한 좌선의 실수를 빼 놓을 수 없다.

도원 선사가 "지관타좌시득只管打坐是得"(『정법안장』「행지行持」)이라는 말을, 특히 존중한 것도 이러한 의미이며, "오로지 좌선을 하여야 비로소 얻을 수 있다."라는 가르침이 불교의 모든 것을, 불도의 모든 것을 말하고 있다.

그러므로 불도에 다소라도 관심을 가지신 분들에게 간절히 부탁한다.

"부디 매일 아침과 밤의 좌선을 습관화하라."

아침 15분 내지 30분, 밤 5분 내지 15분 정도의 좌선을 습관화하여, 시험적으로 반년 정도 계속해 볼 것을 권한다. 만일 이것을 실행할 수 있다면, 당신은 확고한 불교도로서 생애를 관철할 수 있다는 것을 약속한다. 왜냐하면 당신은 이미 평생 동안 아침과 밤의 좌선을 게을리할 수가 없기 때문이다.

처음에는 한 달에 세 번이나, 한 주일에 한 번의 좌선도 결코 쉽지 않을 것이다. 그러나 언젠가는 불교도가 되겠다는 의지만 견고하다면, 몇 번 몇 십 번의 실패 후에는, 좌선의 습관화가 당신에게도 가능할 것이다. 그리고 이것이 실현됐을 때, 그 이전의 자기와 실현 후의 자기와는 다소 달라진 심신을 느끼게 되고 '이것이 불도로구나' 하는 실감이 솟아올라 종래의 생활과는 다른 충실한 생활 속에 있는 자기 자신을 발견하게 될 것을 여기서 확실히 약속한다.

니시지마 구도 와후 스님 약력 및 저서 목록

1919년 11월 일본 요코하마(橫濱) 출생. 허약 체질이었던 유년 시절에 부친의 체력 향상을 위한 달리기 교육이 후년 평상심을 유지하기 위한 바탕이 됨.

1940년 시즈오카(靜岡)고교 3학년 때 사와키 코도(澤木興道) 노사를 만나 우익도 좌익도 옳지 않으며 그 중간에 불도의 중도사상이 있음을 알고 매료됨. 1965년 12월 사와키 노사의 입적 때까지 정녕한 가르침을 통하여 큰 영향을 받음. 이 시기에 도원 선사의 『정법안장』을 비롯하여 수많은 서적을 탐독함.

1944년 3월 군대에 입대하여 만주에 파병되었다가 8월 종전, 9월 귀국. 입대 중에는 담담하게 주어진 임무를 수행하고, 종전도 담담하게 맞이함.

1946년 9월 동경대학 법학부 법률학과 졸업.

1947년 대장성 입성. 여가에 좌선과 불교 공부를 게을리 아니함.

1950~1960 일본증권금융(주) 입사, 총무부 기획과정, 특별조사위원, 융자부 차장, 기획실장 등을 역임하며 회사의 제반 제도를 설계함.

1957년 『(현대어역)정법안장』 집필 개시.

1973년 12월 니와 렌뽀(丹羽廉芳) 선사(당시 永平寺 管守)에게 출가 득도. 법명 니시지마 구도 와후(愚道和夫). 『좌선법』 간행.

1976년 『좌선법』 영어판 *How to Pratice Zazen* 간행.

1977년 2월 니와 선사 문하에서 법전식法戰式 후 법맥 상속. 『불교문답』 간행.

1978년 상임감사역을 끝으로 일본증권금융 퇴직. 업무란 순간순간의 올바른 판단에 달려 있으므로 좌선에 의한 직관적인 판단이 업무에 도움이 되어 즐거운 직장생활을 만끽했다고 생각함.

1978년 이다 료고쿠도(井田兩國堂)산업 (주) 고문 취임.

1979년 『(현대어역)정법안장』(전13권) 완간.

1983년 캘리포니아대학에서 첫 영어 강의, 이래 2000년까지 미국 각지 강연 여행.

1984년 『불교문답』 영어판 *To Meet the Real Dragon* 간행.

1986년 『정법안장 제창록提唱錄』(전34권) 완간.

1987년 이다산업 이다 히데오(井田日出男) 회장의 호의로 이다 료고쿠도(井兩國堂) 좌선도량 개설, 도원승가道元僧伽(Dogen Samngha) 창립.

1994년 『정법안장』 영역본 *Shobogenzo*(전4권) 간행.

2000년 독일불교도연맹 초청으로 하노바에서 강연.

2001년 이스라엘 강연 여행.

2001년 NHK TV·라디오에 수차례에 걸쳐 출연하여 종교 대담.

2002년 유럽 강연 여행. 각국 불교 연맹에서 좌선 지도.

2003년 10월 칠레 강연 여행. TV·라디오에 출연하여 불교적 세계관을 설파.

2004년 10월 한국 동국대학교출판부에서 『1분 앉으면 1분 부처: 문답으로 배우는 불교, 그림으로 익히는 좌선법』 간행. 동국대학교 불교대학원 최고위과정 초청 특강.

2005년 2월 이스라엘에서 『불교문답』 히브리어판 간행. 동시에 간행기념으로 이스라엘 강연 여행. 텔 아비브 대학, TV·라디오에 출연하여 불교적 세계관을 설파.

2005년 7월 이다산업 좌선도량 폐쇄 후 집필활동에 전념.

2006년 6월 용수 존자의 〈중론〉 개정판 간행.

2010년 10월 일본 관서지구 최종 강의.

2010년 11월 동경대학 불교청년회 최종 강의.

2014년 1월 28일 천화.

● 기타 『보권좌선의普勤坐禪儀 강화』·『학도용심집學道用心集 강화』·『보경기寶慶記 강화』(전3권)·『도원선사 사보집四寶集』·『영평광록永平廣錄』(전2권)·『진자정

법안장眞字正法眼藏 제창』(전6권) · 『(영평청규)전좌교훈
典座敎訓 제창』 · 『(영평청규)판도법辨道法 · 중료잠규衆
寮箴規 제창』 · 『(영평청규)부죽반법赴粥飯法 제창』 · 『영
평광록永平廣錄 제창』(전11권) · 『샐러리맨을 위한 좌
선 입문』 · 『불교: 제삼의 세계관』 · 『반야심경般若心經
· 참동계參同契 · 보경삼매寶鏡三昧 제창』 · 『신심명信心
銘 · 증도가證道歌 제창』 · 『(정법안장에서 말하는)판도화辨
道話』 · 『불도는 실재론이다』 · 『사제의 가르침』 · 『도원
선사와 불도』(전2권) · 『세계와 불도』 · 『중론中論 제창』
(전4권) · 『중론』 등 백여 권에 가까운 저서가 있다.

- 2004년 10월 현재 도원승가 당장堂長 · 이다산업(주)
  고문 · 동방학원東方學院 강사 · 조동종 종수사宗壽寺
  주직住職을 역임했다.

- 30대의 젊은 시절부터 동경대東京大 불교청년회의
  강좌를 비롯하여 이다 료고쿠도 좌선도량에서의 일
  요좌선회 · 목요일의 모임, 도원승가의 적심회赤心會 ·
  영어 모임 · 진룡회眞龍會 및 기타 수시로 개최하는 사
  찰에서의 1일 좌선회 등을 통하여 『정법안장』에 입
  각한 올바른 불교이론의 보급과 좌선 지도에 진력하
  였다. 특히 오사카(大阪) 마츠시타(松下)전기(주)에서
  의 월례 『정법안장』 강의는 27년간이나 지속되었다.

- 2003년부터는 자신이 간행한 용수 존자의 『중론』

(1995) 및 『중론 제창』(1998)을 좀 더 평이하면서도 완벽한 것으로 개정하기 위하여 대부분의 활동을 일시 중단하고 『중론』 번역에 전념하였다.

불도에 기초한 경영을 하며

"단골 거래처에도 좋고 매입처에게도 좋고 우리 회사에게도 좋은 상술商術이 반드시 있을 터이니, 그것을 진지하게 생각하고 찾아내어 실천하라."

내가 학업을 마치고 입사할 때에, 돌아가신 부친께서 나를 불러 놓고, 상인으로서 명심해야 할 기본적인 사고방식으로서 하신 말씀이다. 이 말씀은 현재에도 우리 회사의 기본 방침이 되어 있다.

1977년, 이미 50을 넘어선 나이에, 남은 생애 동안 불도를 배우고 싶다고 생각하여, 서점을 돌아보던 중에, 긴자(銀座)의 곤도(近藤)서점에서 니시지마 스님의 『좌선법』과 『불교: 제삼의 세계관』이라는 두 권의 저서를 만날 행운을 얻었다. 그 후로 스님의 좌선회에 참석하여 배우던 중에, 스님의 훌륭한 가르침을 우리 회사의 간부들과 같이 나누어야겠다는 생각을 하게 되었으며, 마침내 스님을 우리 회사의 고문으로 모시고, 매주 목요일에 좌선회를 갖게 되었다.

비록 30분의 좌선과 한 시간의 강의이지만, 스님 덕분에 출석자 일동은 인간적으로 많은 성장을 하였으며, 회사의 업적도 순조롭게 발전하고 있어서, 늘 감사하게 생각하고 있다.

스님의 저서 『좌선법』 중에 〈좌선과 불도〉라는 항목이 있다. 즉 "우리들은 좌선을, 대성大聖 석존釋尊께서 설하신 가르침의 실천(佛道)으로서 하루하루 실행하는 것이며, 좌선을 통하여 석존과 일체가 되어, 석존께서 설하신 우주의 질서를 내 몸에 체현하는 데에서, 좌선의 의의를 찾아내는 것이다."라는 가르침이 있다. 나는 이 가르침을 내 평생의 가장 소중한 가르침으로 여기며 살고 싶다.

주식회사 이다(井田)산업 회장
가나자와출판사(金澤文庫) 대표
이다 히데오(井田日出男)

역자후기
―니시지마 구도 와후 스님의 한국 강연에 즈음하여

니시지마 스님은 18세의 젊은 시절부터 도원 선사의 『정법안장』을 접하면서, 기존의 불교이론과 판이하게 다르며, 필경 이것이 고타마 붓다가 깨달으신 진리라는 확신을 굳히게 되어, 도원 사상에 입각한 독자적인 불교철학을 체계화하셨다. 그리고 84세에 이르는 시기까지 올바른 불교를 한 사람이라도 더 많은 이에게 알려야 한다는 사명감으로 일본 국내는 물론, 세계 각지에서 좌불난석坐不暖席 교화활동을 전개하셨다. 동시에 정부 관료의 일원으로서도 기여한 바도 크며, 기업인으로서도 진정한 불교정신에 입각한 경영이란 무엇인가를 끊임없이 모색하셨다.

역자는 니시지마 스님의 언행일치한 생활태도에 감명받고, 수많은 제자 중의 일원으로 참여하는 영광을 얻게 되어, 스님의 좌선도량에 기거하며, 조석으로 자비로운 가르침을 여러 외국인 도반들과 함께 나누었다. 스님은 "우리가 몸담고 있는 세속이야말로 불교정신을 발휘해야 할 훌륭한 도량이다."라고 항상 말씀하셨다. 따라서 스님의 좌선도량에 기거하고 있는 도반들은, 전원이 나름대로의 직업을 갖고 있으며, 불도의 원칙인 좌선을 결코 게을리 하지 않는다. 스님 자신도 이다(井田)산업(주)이라는 기업에 고문으로 활동하시면서 실제로 경영에 참가하여, 불교정신에 입각한 경영을 시도하여 상당한 효과를 거두셨다.

이다산업의 이다 히데오(井田日出男) 회장도 보살도를 그대로 실천하는 훌륭한 경영자로 특기할 만한 분이다. 이다산업은 일본의 중소기업으로서, 니시지마 스님의 교화활동을 전면적으로 후원하고 있으며, 회사 자체도 불도 교육의 일환으로 적지 않은 예산을 들여 전 사원에게 일년에 네 차례나 좌선회를 체험시키고 있다.

스님은 "40세 전후에 지금과 같은 불교원칙을 파악했다할 수 있지만, 그 후에도 끊임없이 나의 사상은 발전하고 있다. 70대보다는 80대가 다소 뭔가가 더 잘 보이는 것 같다. 사상의 발전에는 끝이라는 것이 있을 수 없고, 죽을 때까지 발전한다고 생각한다. 달라지는 게 아니라 내용이 증가하는 것이다."라고 말씀하셨다.

이러한 훌륭한 선지식을 나의 조국 한국에 소개하고자 모색하던 중에 다행스럽게도 2004년, 당시 동국대학교 불교대학원장 한보광 스님과 불교사회문화연구원장 이봉춘 박사님, 그리고 출판부장 이철교 선생의 각별하신 배려로, 스님의 한국 강연과 스님의 저서『1분 앉으면 1분 부처: 문답으로 배우는 불교, 그림으로 익히는 좌선법』간행이 실현됨과 동시에, 본 소책자도 빛을 보게 되었다. 한보광 스님과 이봉춘 박사님을 비롯한 관계자 여러분께 진심으로 감사의 말씀을 올린다.

끝으로, 역자의 사정으로 이 책을 많은 세월이 흐르고 스승님까지 여의고 난 오늘에야 출간하게 되었다. 스승님의 영전에 깊이 사죄드림과 동시에, 이 책의 출간에 진력하여 주신 나라연 출판사와 관계자 여러분께 성심으로 감사의 말씀을 올린다.

유 키미카(優君佳, 한국명 宋筍玉)